Katja Josteit

111 Orte für Kinder in Kiel, die man gesehen haben muss

emons:

Für meine Küstenkinder

Bibliographische Informationen der Deutschen Nationalbibliothek
Die Deutsche Nationalbibliothek verzeichnet diese Publikation in der Deutschen Nationalbibliografie; detaillierte bibliografische Daten sind im Internet über http://dnb.d-nb.e abrufbar.

© Emons Verlag GmbH
Alle Rechte vorbehalten
© der Fotografien: Katja Josteit,
außer: Ort 28: IKEA Deutschland; Ort 63: Dr. Andreas Techen
© Covermotiv: shutterstock.com/Ralf Gosch; bluecrayola; vilax
Layout: Editorial Design & Artdirection, Conny Laue, Bochum,
nach einem Konzept von Lübbeke | Naumann | Thoben und Nina Schäfer
Kartografie: altancicek.design, www.altancicek.de
Kartenbasisinformationen aus Openstreetmap,
© OpenStreetMap-Mitwirkende, ODbL
Druck und Bindung: CPI – Clausen & Bosse, Leck
Printed in Germany 2019
ISBN 978-3-7408-0641-5
Originalausgabe

Unser Newsletter informiert Sie
regelmäßig über Neues von emons:
Kostenlos bestellen unter
www.emons-verlag.de

VORWORT

»Moin!« heißt es hier bei uns im Norden und in Kiel, und das kann man nicht nur morgens, sondern den ganzen Tag lang sagen. »Moin!« sagten auch meine beiden Küstenkinder während der Suche nach den 111 Orten für dieses Buch zu all den Menschen, denen wir in Kiel und Umgebung begegnet sind und deren kleine und große Attraktionen, bekannte und unbekannte Familien-Ausflugsziele, außergewöhnliche Kursangebote und fast noch geheime Herzensprojekte wir kennenlernen durften. Denn »Moin!« kommt von »mooi«, das so viel wie »schön« oder »gut« bedeutet. Insofern wünscht man sich mit »Moin« eigentlich »'nen Guten«. Und gut ist richtig viel hier in der maritimen Landeshauptstadt an der Förde! Dies sichtbar zu machen, ist das Ziel dieses Buches, in dem so viel mehr steckt als reine Beschreibungen von bestimmten Orten. Nämlich auch ganz viel Herzblut, Unternehmungslust und Kinderlachen – zusammen mit dem Meeresrauschen das schönste Geräusch der Welt. Und gelacht haben wir oft beim Besuch der 111 Orte, geschmunzelt und gestaunt.

Denn tatsächlich gibt es in Kiel mehr zu entdecken, als so manch Alteingesessener vielleicht denkt: Captain Nemo, der den Kids von einer kunterbunten Hauswand entgegenstrahlt, ein Feuerschiff, das kein Feuer*wehr*schiff ist, ein Juwel, das tatsächlich so heißt, und viele mehr. Sie alle sind eine Entdeckung wert, auch wenn diese manchmal ungewöhnlich, ja skurril ausfällt. Oder, bei den bekannteren Orten, eine unerwartete Nutzung oder einen andersartigen Zugang mit sich bringt. Von all diesen Orten und Menschen, denen man mit einem freundlichen »Moin!« auf den Lippen entgegentritt, kommt ganz viel Gutes zurück, das die Unternehmungen mit Kindern und den Familienalltag spannender, lustiger und ausgefüllter macht. Deshalb sind die »111 Orte für Kinder in Kiel« zugleich eine Liebeserklärung an diese schöne Stadt und an das Leben mit Kindern hier. Kinder und Kiel – das passt eben einfach gut zusammen.

Viel Spaß mit diesem Buch und ein fröhliches »Moin!«
Katja Josteit, die Küstenmami

111 ORTE

1 — Annas Atelier
Lasst die Kinder kreativ werden! | 10

2 — Das Aquarium
Den Fischpflegern über die Schulter schauen | 12

3 — Das Ärztehaus
Was willst du werden? | 14

4 — Die Badestelle
Der schönste Fleck am Selenter See | 16

5 — Die Balloon Sail
Ein Ballon, ein Ballon! | 18

6 — Die Balustrade im Citti-Park
Ich sehe was, was du nicht siehst | 20

7 — Der Biosk
Einkaufen wie im Tante-Emma-Laden | 22

8 — Das Bonscherhus
Der buchstäblich süßeste Ort des Nordens | 24

9 — Der Botanische Garten
Gemütlich im Gewächshaus | 26

10 — Die Brücke ins Nirgendwo
Zu Fuß nach Gaarden? | 28

11 — Das Bücherhäuschen
Kinderbücher frei Haus | 30

12 — Das kinderfreundliche Café
Entspannt Kaffee trinken und herrlich spielen | 32

13 — Das Computermuseum
Für IT-verrückte Jugendliche | 34

14 — Der Coworking Space
Am Rockzipfel hängen? Erwünscht! | 36

15 — Die Dampferbrücke
Kiek mal ut! | 38

16 — Der Doppeldeckerbus
Die eigene Stadt neu entdecken | 40

17 — Der Düvelstein
Vom Teufel geschleudert | 42

18 — Das Eiderbad
Baden mal anders | 44

19 — Die Fahrbücherei 9
Lesestoff auf starken Rädern | 46

20 — Die Familien(T)räume
Von Familienträumen, die wahr werden | 48

21 — Die Fischtreppe
Wo die Fische hüpfen | 50

22 — Der Fitnesspark
Sport und Spaß für die ganze Familie | 52

23 — Der maritime Flohmarkt
Takel & Tüdel | 54

24 — Die Fontänen
Wasserspiele mitten in der Stadt | 56

25 — Die Forstbaumschule
Alte Bäume kennen- und lieben lernen | 58

26 — Der Freilandhühnerhof
Frühstückseier selber kaufen | 60

27 — Das Fresco
Die grüne Oase mitten in Kiel | 62

28 — Der Frühstückstreff
Spielen und sich austauschen | 64

29 — Der Game Day
Zocken mit der Wii | 66

30 — Der Garten für die Sinne
Bunt und inklusiv | 68

31 — Der Germaniahafen
Wo die alten Schiffe schaukeln | 70

32 — Gleis 3 im Hauptbahnhof
Beinah eine Bahnfahrt wagen | 72

33 — Der Goldfisch
Kiels bestes Fischbrötchen mit Meerblick futtern | 74

34 — Das maritime Graffito
Moin, Captain Nemo! | 76

35 — Der Himbeerhof
Pflücken, Spielen und Schlemmen | 78

36 — Der Höhenflug
Spielzeug hemmungslos ausprobieren | 80

37 — Der Irrgarten
Erst suchen und dann Kuchen essen | 82

38 — Das Juwel
Billard spielen und Regenbogenkuchen backen | 84

39 __ Kalifornien
Auf ins gelobte Land | 86

40 __ Der Kastaniensammelplatz
Die beste Kastanien-Sammelstelle von Kiel | 88

41 __ Die Kerzenscheune
Kerzen ziehen wie in Dänemark | 90

42 __ Der Kids Club
Bauen, werkeln, sägen | 92

43 __ Das Kinderabenteuerland
Draußen und de luxe | 94

44 __ Die Klappbrücke
Brücke auf – Brücke zu | 96

45 __ Die KLEE Babybörse
Tolle Kinderkleidung und ein guter Zweck | 98

46 __ Der Kletterbaum
Kletter, Fritzchen, kletter! | 100

47 __ Der Landtag
Offen für Politik | 102

48 __ Die Læsø Rende
Das Feuerschiff, das kein Feuerwehrschiff ist | 104

49 __ Die Manga-Leseecke
Mangas & mehr | 106

50 __ Das Maschinenmuseum
Historische Technik in Betrieb | 108

51 __ Der Mediendom
In bunte Welten abtauchen | 110

52 __ Der Minigolfplatz
Mit Meerblick spielen | 112

53 __ Das Museum Tuch + Technik
Spinner, Weber, Tuchmacher | 114

54 __ Die Museumsbahn
Blumen pflücken während der Fahrt verboten | 116

55 __ Das musiculum
Musikalisch experimentieren | 118

56 __ Der Naturgarten
Umweltverträglicher Naturgenuss | 120

57 __ Das Naturschutzgebiet
Ewige Weite und kein Mensch zu sehen | 122

58 __ Die Nawimenta
Experimentieren und Rätsel lösen | 124

59   Die Obstquelle
Alte Obstsorten ausprobieren | 126

60   Der Ortsbus
Durch den eigenen Stadtteil kreuzen | 128

61   Die Ostufer-Spielplatztour
Mit dem Rad zum Spielplatz | 130

62   Die Paradieshalle
Bei Regenwetter in den Tierpark | 132

63   Das Pausenboot
Pause machen und die Perspektive ändern | 134

64   Das Piratenspielschiff
Entern und Toben erlaubt! | 136

65   Die Pumptrackbahn
Tempo machen! | 138

66   Die Radrallye-Strecke
Rund um den Wellsee | 140

67   Die Rapsfelder
Leuchtendes Gelb bis zum Meer | 142

68   Die Rathausturmfahrt
Über Kiels Dächer hoch hinaus | 144

69   Die Rathmannsdorfer Schleuse
Ländlich, idyllisch und versteckt | 146

70   Der Robinson-Spielplatz
Abenteuer mit Seeblick | 148

71   Der Rosensee
Jetzt fahr'n wir über'n See, über'n See | 150

72   Die Schaukeln am Meer
Schaukelglück mit Fördeblick | 152

73   Das Schifffahrtsmuseum
Mit Seesack auf Expedition durch die Fischhalle | 154

74   Die Schiffsbegrüßungsanlage
Schiffen winken und Flaggen lernen | 156

75   Die Schiffsbesichtigung
Ist eine Kreuzfahrt mit Kindern etwas für uns? | 158

76   Der Schnullerbaum
Tschüss Schnulli, danke Schnulli | 160

77   Der Schuhkarton
Mit der kleinsten Fähre des Nordens fahren | 162

78   Der Schulensee
Picknicken und Spielen am Seeufer | 164

79 — Das Schülerforschungszentrum
Freies Forschen und mehr | 166

80 — Der Schustergang
Auf lauten Sohlen | 168

81 — Der Schwanenseepark
Wo Schwäne übers Wasser gleiten | 170

82 — Die Seenotretter
Am Steuer des Seenotkreuzers »Berlin« | 172

83 — Das Segelcamp
Segeln lernen 24/7 | 174

84 — Das Skagerrakufer
Werft im Blick | 176

85 — Die Sonntagsmalstunde
Kunst für kleine Leute | 178

86 — Die Spiellinie
Zu spät zur Kieler Woche gehen | 180

87 — Der Spielplatz Lantziusstraße
Der bunteste Spielplatz der Stadt | 182

88 — Der Spielplatz mit Kanalblick
Beim Spielen Schiffe kieken | 184

89 — Der Sporttreff für Mütter
Lauf, Mama, lauf! | 186

90 — Der Strand Hasselfelde
Die unbekannte Badestelle | 188

91 — Die Strandpromenade
Laufrad fahren mit richtig viel Platz | 190

92 — Die Straßenzüge mit Geschichte
Ein Spaziergang durch die Widerstandsgeschichte | 192

93 — Die Straußenfarm
Zu Besuch bei den größten Vögeln der Welt | 194

94 — Die Streuobstwiese
Mundraub erlaubt | 196

95 — Die halbe Stunde
Musikgenuss in Sankt Nicolai | 198

96 — Das Tiergehege Tannenberg
Süße Wildschweinbabys und stolze Mufflons | 200

97 — Der Tiessenkai
Schiff Ahoi und Leinen los! | 202

98 — Der Torbunker IV
In die Schleuse kieken | 204

| 99 | Das Traum-Kino
Traumhaftes Kinderkino | 206 |
| 100 | Der Tröndelsee
Mit dem Schlitten um den versteckten See | 208 |
| 101 | Der Unverpackt Laden
Verpackungsfrei ist schöner | 210 |
| 102 | Die Versteigerung
Ein Happening für die ganze Familie | 212 |
| 103 | Das Weihnachtsbaumschlagen
Mit dem Traktor in den Forst | 214 |
| 104 | Der Weihnachtsmarkt
Historisch und ganz ohne Popcorn | 216 |
| 105 | Das Werftparktheater
Ins Theater mit der ganzen Familie | 218 |
| 106 | Der Wertstoffhof
Abfall entsorgen und Spaß haben | 220 |
| 107 | Der Wildpark
Wilde Tiere zum Streicheln | 222 |
| 108 | Die Windmühle Rosa
Eine Bibliothek unter Flügeln | 224 |
| 109 | Der Winterspielplatz
Indoor-Spielplatz mal ganz anders | 226 |
| 110 | Der Wochenmarkt
Regional, saisonal und kinderfreundlich | 228 |
| 111 | Die Zoohandlung
Einmal Tiere gucken zwischendurch | 230 |

1_ANNAS ATELIER

Lasst die Kinder kreativ werden!

Wo können Kinder mal so richtig kreativ werden, malen, spachteln, formen und kleben? Wo finden sie Farben, Knöpfe, Zahnstocher und Schatzkisten in Hülle und Fülle, die nur darauf warten, in kleine oder größere Kunstwerke verwandelt zu werden? Wo gibt es zudem hohe Konzentration, viel Gelächter, anfeuernde Worte und strahlende Kinderaugen, wenn das Werk vollendet ist?

In Annas Atelier natürlich! Das öffnet die Künstlerin und ehemalige Grundschullehrerin immer samstags zur sogenannten »Offenen Werkstatt« für alle Kids mit einer kreativen Ader. In den kreativ-bunten Räumen nahe der Kieler Innenstadt können sie frei gestalten und das gesamte vorhandene Material nutzen. Und das ist eine ganze Menge, denn Annas Vorrat an Werkstoffen, Farbtöpfen und Glitzer ist wirklich beeindruckend. Wenn gewünscht, schaut Anna dabei den kleinen Künstlern über die Schulter und gibt liebevolle Tipps, hält sich aber auch zurück, wenn die Kinder gut alleine klarkommen.

Eine gemütliche Sofa-Ecke mit vielen anregenden Kunst-Büchern ist ebenfalls vorhanden. Für die Eltern hat Anna stets Kaffee parat; meist ziehen diese sich aber diskret zurück, sobald die Kids am Werkeln sind.

In Annas Atelier finden außerdem Kurse für Kinder und Jugendliche, aber auch Abend-Angebote für Erwachsene statt. Auch der Kindergeburtstag kann hier kreativ gefeiert werden!

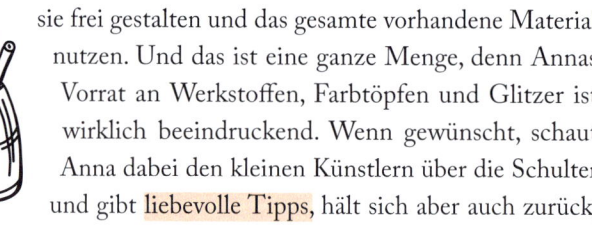

TIPP: Samstagvormittag findet auf dem nahe gelegenen Exerzierplatz der größte aller Kieler Wochenmärkte statt und hält echte Gaumenfreuden für Groß und Klein parat.

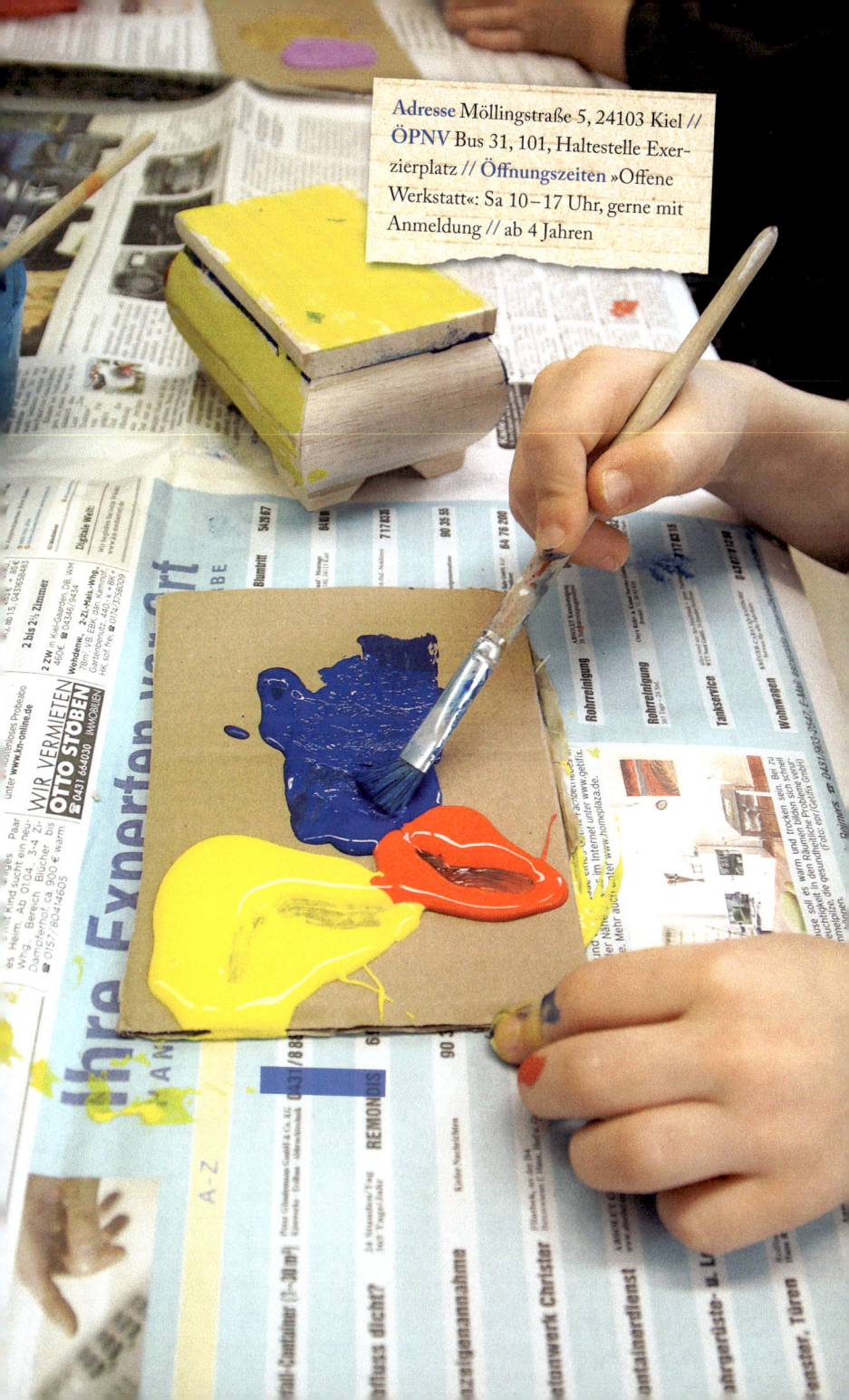

Adresse Möllingstraße 5, 24103 Kiel // **ÖPNV** Bus 31, 101, Haltestelle Exerzierplatz // **Öffnungszeiten** »Offene Werkstatt«: Sa 10–17 Uhr, gerne mit Anmeldung // ab 4 Jahren

2_DAS AQUARIUM

Den Fischpflegern über die Schulter schauen

Viele kennen das Aquarium des GEOMAR an der Kiellinie, doch nur wenige wissen, dass dort auch ganz besondere Einblicke möglich sind: Bei einer Sonntagsführung darf eine kleine Gruppe von Interessierten hinter die Kulissen schauen und die dort lebenden Fische und Meeresbewohner mal aus einer ganz anderen Perspektive bestaunen.

Das ist durchaus wörtlich zu nehmen, denn bei dieser besonderen Führung bewegt man sich tatsächlich *hinter* den Aquarien. Die Tierpfleger, deren Arbeit die Besucher dabei gründlich kennenlernen, nehmen sie mit in Bereiche und Gänge, die sonst niemand zu sehen bekommt. Dadurch erfahren sie wichtige und auch mal prekäre Fakten über die spannende Unterwasserwelt der in der Ostsee beheimateten, aber ebenso vieler exotischer Meerestiere.

Doch nicht nur das: Die Kinder dürfen bei Gelegenheit vorsichtig einen Seeigel auf die Hand nehmen und natürlich all ihre Fragen zu Captain Nemo und seinen Freunden loswerden. Sie lernen etwas über die Arbeit mit Seehund, Fischen und Quallen sowie deren Futteransprüche, Haltungsbedingungen, Lebensraum und Schutzbedürftigkeit. Die Führungen finden immer am ersten Sonntag im Monat statt; Kinder müssen von einem Erwachsenen begleitet werden.

> **TIPP:** An der Kiellinie wird bei der Kanu-Vereinigung Kiel e.V. ein außergewöhnlicher Wassersport trainiert: Kanupolo. Bei den Minis (ab sieben Jahren) steht das spielerische Paddeln im Vordergrund, die älteren Kids lernen die Technik und bestreiten ab dem Jugendalter auch Wettkämpfe.

Adresse Düsternbrooker Weg 20, 24105 Kiel //
ÖPNV Bus 41, 42, Haltestelle Schwanenweg //
Öffnungszeiten jeden 1. So im Monat, nur mit
Anmeldung unter Tel. 0431/6001637 // ab 6 Jahren

3_DAS ÄRZTEHAUS

Was willst du werden?

Die Berufswahl ist nicht immer leicht, und heutzutage ist es gut, wenn sich Kinder und Jugendliche früh dazu Gedanken machen. Das bereitet in der grauen Theorie nicht ganz so viel Spaß – vor Ort aber schon!

Also auf zu einem Haus, in dem ganz viele Berufe unter einem Dach versammelt sind: ins Gesundheitszentrum Kiel-Mitte. Denn hier erfahren die Kids viel über den medizinischen und therapeutischen Bereich, der in Zukunft noch stärker gefragt sein wird. Schon beim Überfliegen des übermannshohen Schildes draußen können sie erste Inspirationen sammeln: Vom Allgemein-Mediziner bis zur Osteopathin ist hier ein großes Spektrum an Berufen vertreten.

Außerdem veranstalten viele der Praxen Info-Tage beziehungsweise -Abende.

Drinnen aber noch viel mehr: Denn während in der Übersicht vor allem die Ärzte und Dienstleister aufgelistet sind, merkt man bei näherem Hinsehen schnell, dass etwa in einer Frauenarzt-Praxis weit mehr gebraucht wird als der klassische Gynäkologe. Ebenso ist die beste Kinderzahnärztin von Kiel nichts ohne ihre versierten Arzthelferinnen und die tüchtigen Laborkräfte. Auch im Erdgeschoss, in dem eine Apotheke, ein Sanitätshaus, ein Pflegedienst und ein Kindergarten ihren Sitz haben, können die Kinder in ein cooles Ratespiel einsteigen und sich bei allen ein- und ausgehenden Personen fragen: Was arbeiten diese wohl? Welche Aufgaben haben sie, warum ist ihr Beruf wichtig? Und wäre das auch etwas für mich? Ganz Mutige ergreifen die Gelegenheit und fragen für ein Praktikum an – denn das schadet nie.

Adresse Prüner Gang 7/15, 24103 Kiel // **ÖPNV** Bus 31, 34, 100, 101, Haltestelle Exerzierplatz // **Öffnungszeiten** abhängig von den Öffnungszeiten der Praxen, prinzipiell 8–18 Uhr

4_DIE BADESTELLE

Der schönste Fleck am Selenter See

Baden? Das geht in Kiel und Umgebung nicht nur an Strand und Förde, sondern auch am See! An den versteckten Buchten des Selenter Sees, ein paar Kilometer östlich von Kiel, herrscht Idylle pur. Die Badestelle am »Fellhusen« ist besonders schön: Von einem kleinen Sandstrand aus geht es kinderfreundlich flach ins Wasser, aber auch über einen schmalen Steg gelangt man leicht in das kühle Nass.

Zudem liegt gleich nebendran ein neu errichteter maritimer Spielplatz mit Kletterreuse, Hai-Rutsche, Seilbahn und Schaukeln. Von den Fisch-Wipptieren aus haben die Lütten sogar Seeblick! Die Wasserpumpe ist ein weiteres Highlight und bietet eine tolle Möglichkeit zum Spielen und zur sommerlichen Abkühlung.

Auf der angrenzenden großen Wiese kann man sich sowohl in die Sonne legen als auch den Schatten unter den schönen alten Bäumen nutzen. Für das leibliche Wohl ist gesorgt: Im Hintergrund steht kunterbunt das »Badehus«, ein saisonales Café-Restaurant, in dem köstliche Waffeln, italienische Kleinigkeiten und der beste Kaffee der Umgebung serviert werden. Natürlich dürfen alle Badegäste die Toiletten benutzen.

Allerdings ist die Badestelle am Selenter See schwer zu finden. Am besten gibt man »Fellhusen« in das Navi ein und folgt dann der Ausschilderung zum Strand und zum »Badehus«. Belohnt wird man mit einem tollen Sommertag am See, an den man in den kalten Wintermonaten gerne zurückdenkt.

TIPP: Die Turmhügelburg Lütjenburg etwas weiter Richtung Lütjenburg ist ein spannendes historisches Ausflugsziel.

Adresse Fellhusen, 24238 Selent // Anfahrt B 76, dann B 202, links abbiegen auf Steenkamp, weiter auf Fellhusen // Öffnungszeiten jederzeit

5_ DIE BALLOON SAIL

Ein Ballon, ein Ballon!

Ein Ballon? Nein, ganz viele! Während der Kieler Woche steigen sie in den Himmel: riesige, bunte Heißluftballons, die majestätisch und leise die Stadt überfliegen. Doch sie nehmen nicht nur Gäste an Bord, man kann sie auch besuchen: auf dem Nordmarksportfeld, auf dem zu anderen Zeiten Feldhockey, Rugby und sogar Hundesport trainiert wird.

Während der sogenannten »Balloon Sail« findet dort tagsüber ein buntes Familienprogramm rund um alles, was mit Fliegen zu tun hat, statt. Segelflieger, Modellflugzeuge und Fallschirmspringer: Sie alle zeigen ihre Künste. Die Kids können aber auch einfach auf der Hüpfburg toben, in der »Schatzkiste« buddeln, eine Runde Karussell fahren und anschließend leckere Fritten und ein Fischbrötchen genießen.

Am Abend erheben sich dann die Heißluftballons in die Luft und überqueren bei günstigen Luftströmungen ganz Kiel – ein unvergesslicher Anblick. Ein paar Mutige dürfen sogar mitfliegen! Das ist nicht unbedingt günstig, aber ein tolles Erlebnis; und ansonsten muss bei der Veranstaltung kein Eintritt gezahlt werden.

Spätabends findet dann mehrmals in der Woche der »Night-Glow« statt, bei dem die zurückgekehrten Heißluftballons im Takt einer ausgefeilten Musik-Choreographie befeuert und von innen erleuchtet in der Dunkelheit zu tanzen scheinen. Und nicht nur dabei machen die Kleinen große Augen, anschließend gibt es noch ein Höhenfeuerwerk, das gleichfalls von Musik begleitet wird. Warm eingepackt und im Arm von Mami oder Papi ist dies ein absoluter Genuss!

Adresse Nordmarksportfeld, 24118 Kiel // ÖPNV Bus 22, Haltestelle Kopperpahler Teich // Öffnungszeiten während der Kieler Woche, nachmittags bis abends

6_ DIE BALUSTRADE IM CITTI-PARK

Ich sehe was, was du nicht siehst

Es gibt sie, diese Tage im Leben mit Kindern, an denen nichts mehr geht – oder zumindest wenig. Wenn es regnet, alle müde und quengelig sind, aber auch keine Lust auf ein Museum oder einen »richtigen« Ausflug haben. Die Eltern vielleicht sogar noch ein paar überlebenswichtige Sachen einkaufen müssen und dann ein bisschen Zeit überbrücken möchten, möglichst nett und kostengünstig.

An solchen Tagen kann man einfach in Kiels größtes Einkaufszentrum fahren, den Citti-Park. Dort gibt es überdachte, kostenlose Parkplätze und alle notwendigen Geschäfte vom Lebensmitteldiscounter über die Apotheke und den Drogeriemarkt bis hin zum Medien-Tempel. Die meisten Kielerinnen und Kieler waren wohl schon einmal aus Shopping-Gründen dort – doch eine weitere, wenn auch vielleicht unerwartete Möglichkeit ist, mit seinen Kindern an einem verregneten Nachmittag in diesem Einkaufszentrum »Ich-sehe-was-was-du-nicht-siehst« zu spielen.

Farbenfrohe Dinge zum Raten existieren im Citti Park genug, ebenso wie gemütliche breite Sofas und andere Sitzgelegenheiten auf der unteren Etage, auf die sich die ganze Familie genüsslich fläzen kann. Oder man lehnt sich im Obergeschoss an die transparente Balustrade, denn von dort ist der perfekte Überblick gewährleistet. Eine gute Idee ist auch, mit den Kids vor einem der kunterbunten Geschäfte Position zu beziehen, da gibt es zahllose Beobachtungsobjekte. Dazu noch ein köstliches Eis von »Giovanni L.« auf die Hand, und der (Regen-)Tag ist gerettet. Auch lustig zum Raten: Wer der vorbeiziehenden Passanten hat wohl was eingekauft?

Adresse Mühlendamm 1, 24113 Kiel // **ÖPNV** Regionalbahn vom Kieler Hauptbahnhof zum Citti Park // **Öffnungszeiten** Mo – Sa 9 – 20 Uhr

7_DER BIOSK

Einkaufen wie im Tante-Emma-Laden

So muss das Einkaufen früher gewesen sein: ein kleiner, heimeliger Laden, bekannte Gesichter, Waren, die nicht abgepackt auf einen warten, sondern die man selbst aussuchen und abwiegen kann, mit direktem Kontakt zu der lieben Frau hinter der Ladentheke. Und das gibt es auch heute noch – bei Tante Suse, deren Biosk nur wenige Quadratmeter hat, dafür aber ganz viel Herz.

In der liebevoll ausgestatteten Mischung aus Bio-Kiosk und kleinem Laden wird jede Ecke, jeder Tisch, jede Oberfläche genutzt; von überall her blitzen einem verlockend frische Lebensmittel und Waren des täglichen Bedarfs entgegen. Knackiger Salat, Reiswaffeln für die Kinder, Eier und Brot aus der Region, aber auch leckere Tees und Naturkosmetik: Alles hat hier seinen Platz.

Und das gilt nicht nur für Lebensmittel, sondern auch für ein paar kleine Tische drinnen und draußen, die ebenso originell und zugleich urgemütlich zusammengestellt sind wie der Rest des Biosks. An ihnen können Kinder und Eltern selbst gebackene Zimtschnecken, herzhaft belegte Crêpes und leckeren Cappuccino genießen, von dem manche sagen, er sei der beste der Stadt. Ein bis an den Rand mit Kindersachen gefüllter Korb lädt zum Spielen ein, und den kleinen Gästen wird gerne erklärt, wie das Einkaufen hier funktioniert.

Denn das ist das Schönste bei Suse und ihren lieben Mitarbeiterinnen: Es geht tatsächlich zu wie im sprichwörtlichen Tante-Emma-Laden. Das genießen die jungen Familien, die sich in den letzten Jahren im Maritimen Viertel und im Anscharpark gegenüber von Tante Suse angesiedelt haben – und das sollte jedes Kind einmal erleben.

> **TIPP:** Im Atelierhaus im Anscharpark können Groß und Klein spannende Ausstellungen zu moderner Kunst oder Skulpturen bewundern.

Adresse Adalbertstraße 19, 24106 Kiel //
ÖPNV Bus 32, Haltestelle Petruskirche //
Öffnungszeiten Mo–Sa 9–18 Uhr

8_DAS BONSCHERHUS
Der buchstäblich süßeste Ort des Nordens

Ein Ort wie gemacht für kleine und große Leckermäuler; ein Ort zum Riechen, Schmecken und Genießen, ein Ort, inspiriert von dänischen Bonbonkochereien: Das ist das Bonscherhus am Alten Markt, das seine Betreiber mit viel Liebe zum Detail und zu süßen Köstlichkeiten eingerichtet und ausgestattet haben.

Neben der umfassenden Auswahl von über 20 hausgemachten Bonbonsorten sind hier auch schwedisches Lakritz, französisches Nougat, finnische vegane Schokolade und viele ausgesuchte regionale Spezialitäten im Angebot. Probieren ist immer erlaubt!

Doch nicht nur deswegen muss man zu einem Besuch im Bonscherhus kein Kind überreden. Dank der großen Glasscheiben sieht jedermann schon von außen, dass die Bonbons im Laden selbst hergestellt werden. Die Produktion der süßen Kunstwerke ist einfach faszinierend; deshalb findet mehrmals täglich eine Fabrikation vor den Augen aller Neugierigen und Naschkatzen statt, bei der auch geklärt wird, wie das »M« in die beliebten »Moin!«- oder die besonders zum Muttertag gefragten »Mama«-Bonbons kommt. Für besondere Anlässe entwirft das Besitzerpaar schon mal eine eigene Bonbon-Edition; ebenso wie jeder der leckeren Lollis in Kiels erster Bonbonmanufaktur ein Unikat ist – eben handgemacht.

Doch wie sich für eine Sorte entscheiden? Da helfen die beliebten »Kuddelmuddel«-Tüten, die man sich ganz nach Belieben und Geschmack zusammenstellen darf. Mit denen in der Hand ist es dann auch etwas leichter, das Bonbonparadies wieder zu verlassen, zumindest bis zum nächsten Besuch.

Adresse Alter Markt 19, 24103 Kiel // **ÖPNV** Bus 81, 502, Haltestelle Schwedenkai // **Öffnungszeiten** Mo–Fr 10–18 Uhr, Sa 10–16 Uhr

TIPP: Nach den Süßigkeiten noch etwas Kultur tanken: im wunderschön restaurierten Stadtmuseum »Warleberger Hof« (Dänische Straße 19); seit Neustem ist der Eintritt frei.

9_DER BOTANISCHE GARTEN
Gemütlich im Gewächshaus

Es gibt sie, diese Tage, an denen es im Norden Hunde und Katzen regnet und es niemanden nach draußen treibt. Es sei denn, um zum Botanischen Garten Kiel zu fahren, denn dort kann man hervorragend in die Wärme und Behaglichkeit der Gewächshäuser abtauchen!

Während der Regen an die Scheiben prasselt, ist es drinnen ungeheuer gemütlich. Und dennoch nicht langweilig! Die zahlreichen Schaugewächshäuser des Botanischen Gartens auf dem Gelände der Christian-Albrechts-Universität zu Kiel bilden einen geschlossenen, durch Türen verbundenen Komplex. Auf dem Rundgang können die Kids vorneweg sausen, die Eltern entspannt hinterherschlendern und alle zusammen einmal durch die wärmeren Zonen der Welt reisen.

Besonders auf den verschlungenen Pfaden des Tropen- und Subtropenhauses kommt echtes Dschungel-Feeling auf, zu dem das Zirpen seltener Vögel beiträgt. Im Nebelwald wachsen riesige Farne und Blütenpflanzen; hier können die Kinder auch Wasserschildkröten in einem kleinen Teich bestaunen. Vorsicht jedoch bei den piksigen Schwiegermuttersitz-Kakteen im Afrikahaus! Im Victoriahaus warten schließlich die phänomenalen Riesenseerosen sowie der in der Blütezeit geruchsintensive Titanenwurz. Dass dieser im Volksmund auch »Stinkewurz« genannt wird, sorgt für zusätzliches Gekicher bei den kleinen und ein Schmunzeln bei den großen Besuchern.

TIPP: Sollte der Regen doch aufhören oder nicht stören, ist die mit tollen Natur-Klanginstrumenten ausgestattete Spielfläche für Kinder im Botanischen Garten einen Besuch wert (hinter dem Haupttor links Richtung Amerika-Revier).

Adresse Am Botanischen Garten 1–9, 24118 Kiel // **ÖPNV** Bus 50, 60 S, 81, Haltestelle Botanischer Garten // **Anfahrt** über Olshausenstraße, ist die Schranke an der Leibnizstraße geschlossen, an der Informationssäule klingeln; der Parkplatz am Physikzentrum liegt dem Haupteingang des Botanischen Gartens gegenüber // **Öffnungszeiten** Nov.–Jan. 9.30–14.45 Uhr, Feb. 9.30–15.30 Uhr, März–Sept. 9.30–17.30 Uhr, Okt. 9.30–16.30 Uhr, Eintritt frei

10_ DIE BRÜCKE INS NIRGENDWO

Zu Fuß nach Gaarden?

Mitten in der Luft hört sie einfach auf. Abgeschnitten, ins Nichts ragend. Einst erschaffen, um das Kieler Ost- und Westufer besser zu verbinden und eine Verknüpfung des Stadtteils Gaarden mit der Innenstadt herzustellen, wurde diese Fußgängerbrücke nie fertiggestellt.

Mit den guten Absichten lief auch die Konstruktion ins Leere: Seit 2001 hat sich nichts Wesentliches getan; es ist unklar, ob das jemals der Fall sein wird. Stehen Fußgänger am äußersten Ende der Brücke, fühlen sie die Trennung, die Isolation und zugleich die Sehnsucht nach dem Unerreichten. Und sie riechen so einiges, denn die Sauberkeit ist eins der vielen Probleme, besonders im Fahrstuhl – die 21 Sekunden Fahrt sind olfaktorisch äußerst herausfordernd.

Warum Eltern diese Brücke dennoch besuchen sollten, zumal mit ihren Kindern? Weil dies ein Ort ist, an dem alle ins Nachdenken geraten. Darüber, wie die Dinge sein sollten und wie nicht. Weil sich dadurch Gespräche ergeben und Gedanken angestoßen werden, die für Kinder und Jugendliche wichtig sind. Weil man hier gemeinsam Ideen entwickeln kann, für die Zukunft und das Leben.

Ach ja, und weil an diesem Ort noch etwas mega trashig, aber auch cool ist: das Graffito, das die Brücke überzieht. Das ist zwar alles andere als politisch korrekt, in seiner Farbigkeit und seinem Gestus jedoch zutiefst expressiv. Manchmal braucht es eben einen – pardon – Stinkefinger, bevor sich etwas ändert.

Adresse Werftstraße auf Höhe des Germaniahafens, 24143 Kiel //
ÖPNV Bus 22, 101, Haltestelle KVG-Betriebshof Werftstraße //
Öffnungszeiten jederzeit, besser bei Tageslicht besuchen // ab 6 Jahren

11_DAS BÜCHER-HÄUSCHEN

Kinderbücher frei Haus

Die Idee ist ebenso einfach wie gut: Wer seine aktuellen Bücher ausgelesen hat, lässt sie nicht einfach im Regal verstauben oder kloppt sie gar in die Tonne. Nein, der gibt sie an andere weiter, die sie wieder lesen und ihrerseits verschenken. Das schont nicht nur die Ressourcen und fördert die Leselust, sondern bringt einem auch ungeahnte Bücherschätze nahe!

In dem kleinen Ort Ottendorf vor den Toren Kiels funktioniert das über ein Bücherhäuschen, das gut gefüllt auf alle Lesewütigen wartet. Darin stehen natürlich auch Kinderbücher und Spiele, da die Kids vom nahe liegenden Sportverein hier gerne mal vorbeischauen.

Nur muss man wissen, wo die gar nicht so kleine Bücherschatzkiste zu finden ist: im Hinterhof bei der Feuerwehr, den man zu diesem Zweck ruhig betreten kann.

Das Bücherhäuschen selbst ist ein besonderes Schmuckstück, die Initiatoren haben es neu angestrichen und mit Wimpelkette und Co ansprechend aufgehübscht.

Es hat eine besondere Geschichte: Früher diente es als Bushaltestelle beziehungsweise als Unterstand im Personennahverkehr. Seiner einstigen Funktion beraubt, wurde es – ebenfalls im Sinne der Nachhaltigkeit – von den Anwohnern gerettet und liebevoll für seine neue Aufgabe hergerichtet. Nun lässt es die Herzen kleiner Bücherwürmer höher schlagen – und die ihrer Eltern natürlich auch.

Adresse Hinterhof der Feuerwehr, Dorfstraße 45c, 24107 Ottendorf // **ÖPNV** Bus 640, Haltestelle Feuerwache // **Öffnungszeiten** tagsüber zugänglich

12_ DAS KINDERFREUNDLICHE CAFÉ

Entspannt Kaffee trinken und herrlich spielen

Von außen sieht sie aus wie eine ganz gewöhnliche Backstube. Und auf der Homepage ist nüchtern vermerkt: »Barrierefrei, Café, Kinderspielecke«. Pardon, aber das wird der Bäckerei Junge am Preetzer Marktplatz nicht gerecht.

Denn dringen Eltern und Kinder bis nach hinten durch, öffnet sich ihnen auf kleinem Raum ein Kinder-Austobe-Paradies: Mit dicken Matten ausgepolstert, einem tollen Kletterbaum und jeder Menge Soft-Bauelementen, die zum Spielen, Stapeln, Sitzen und allem, was die kindliche Phantasie so hergibt, genutzt werden können, ist die angekündigte Spielecke außergewöhnlich. Zwar nicht riesig, aber genau das Richtige, wenn die Eltern entspannt einen Kaffee trinken und zugleich die Kinder glücklich machen wollen. Hier geht ein verregneter Nachmittag schnell rum!

Ein paar Tische und ein gemütliches Sofa befinden sich direkt neben der Spielecke. Geordert wird am Tresen: Dort gibt es einfache Rosinenbrötchen und stilles Wasser, jedoch auch unterschiedliche Kaffeesorten, ein leckeres Frühstück und Eierspeisen. Auf der Toilette befindet sich ein Wickeltisch, und auch sonst nehmen sich die Verkäuferinnen liebevoll der Lütten an. Die Bäckerei Junge, die noch an vielen weiteren Standorten im Norden vertreten ist, wurde 2018 als das familienfreundlichste Unternehmen seiner Branche ausgezeichnet.

Adresse Am Markt 19, 24211 Preetz // **Anfahrt** B 76 Ausfahrt Richtung Schellhorn/Preetz nehmen, Kieler Straße und Klosterstraße bis Mühlenstraße, dort befindet sich auch ein Parkplatz // **Öffnungszeiten** Mo–Fr 7–18 Uhr, Sa 7–16 Uhr, So 7–17 Uhr

TIPP: Im nahe gelegenen Harderpark gehen Familien entspannt spazieren und winken den Enten auf der alten Schwentine zu.

13_ DAS COMPUTER-MUSEUM

Für IT-verrückte Jugendliche

Fragen die Altvorderen heutzutage ihre Teenager, ob diese sich die Welt ohne PCs, ohne Smartphones, Social Media und Apps vorstellen können, ernten sie wahrscheinlich einen entsetzten Blick. Doch wie kam es eigentlich dazu? Wie waren Computer früher, zu welchem Zweck wurden sie überhaupt erfunden, und wie wurden sie zu dem, was sie heute sind?

Anschauliche Antworten auf diese Fragen hat das Computermuseum der Fachhochschule Kiel in Form von wilden Verkabelungen, alten Lochkarten und modernsten Mikrochips. Dort werden nicht nur die »Urgesteine« unter den Rechnern eindrucksvoll präsentiert, sondern die Besucher auch auf eine Zeitreise von den Anfängen der allerersten Computer bis zu den hochfunktionellen Maschinen der 2000er mitgenommen. Auf dem Rundgang treffen sie immer wieder auf interaktive Stationen, an denen sie Informationen und Filme abrufen können; zur Einstimmung wird ein eindrucksvoller 3-D-Film gezeigt. Besonders das Ausprobieren an einigen modernen Rechnern bringt Spaß, weil diese sich dank Emulationssoftware wie ein alter Commodore 64 verhalten. Das waren noch Zeiten!

Zugleich befindet sich das Computermuseum selbst an einem geschichtsträchtigen Ort: in einem Bunker aus dem Jahr 1941, der einst als Schutzraum für die Dietrichsdorfer Bevölkerung geschaffen wurde und auch zu Zeiten des Kalten Krieges für diesen Zweck vorgesehen war. Eine Stahltür der Druckschleuse zeugt noch davon, ansonsten wurde das Gebäude kernsaniert, barrierefrei gestaltet und mit modernster Kommunikationstechnologie ausgestattet.

Adresse Eichenbergskamp 8, 24149 Kiel // **ÖPNV** Bus 11, Haltestelle Fachhochschule // **Öffnungszeiten** Sa, So 14–18 Uhr // ab 10 Jahren

14_ DER COWORKING SPACE

Am Rockzipfel hängen? Erwünscht!

Welches Elternteil wünscht sich nicht gelebte Vereinbarkeit? Also ein Lebensmodell, bei dem sowohl fürs Arbeiten als auch für die Kinder genug Zeit bleibt? Womöglich noch Tür an Tür, sodass die Wege kurz sind und nicht zu viel von der kostbaren Familienzeit auf der Straße bleibt? Im bindungsorientierten Konzept des Coworking Space von Rockzipfel Kiel e.V. ist genau das vorgesehen: das selbstständige beziehungsweise selbstbestimmte Arbeiten mit der Betreuung der eigenen Kinder zu verbinden. Hier können sich Eltern einen Platz im Eltern-Kind-Büro mieten und sind damit ihren Kleinkindern, die nur ein Zimmer weiter betreut werden, ganz nahe. Dabei greift das Rotationsprinzip: Jeder ist mal mit der Kinderbetreuung an der Reihe und trägt so seinen Teil zu einer Gemeinschaft bei, bei der es nicht nur ums geteilte Büro, sondern auch um den Austausch, die gegenseitige Unterstützung und die Vernetzung geht.

Dabei wird die ursprünglich negativ konnotierte Redensart »am Rockzipfel hängen« ins Positive gewendet: Bindungs- und bedürfnisorientiert gehen hier alle Beteiligten auf alle kleinen und großen Mitstreiter ein, und es bleibt trotz Arbeit genug Zeit fürs Tragen, Trösten, Stillen und Kuscheln. In der gemütlichen Küche ist zudem immer ein Klönschnack möglich, und im Zimmer nebenan gibt es ein ruhiges Plätzchen für den Mittagsschlaf. Weitere Angebote wie ein Eltern-Kind-Café und Kinderyoga sind in Planung und werden bei entsprechender Beteiligung umgesetzt.

Adresse Esmarchstraße 44, 24105 Kiel // ÖPNV Bus 32, Haltestelle Yorckstraße // Öffnungszeiten mit Anmeldung über www.rockzipfel-kiel.de

15_DIE DAMPFERBRÜCKE

Kiek mal ut!

Einfach mal Beine und Seele baumeln lassen – das tut auch Kindern gut, und dafür ist die Dampferbrücke am Kitzeberger Strand wie geschaffen. Aber auch, um von dort aus den Sonnenuntergang zu genießen, den Schreien der Möwen zuzuhören oder um an einem heißen Sommertag ins Wasser zu springen.

Viele Kieler kennen diesen schönen alten Schiffsanleger dennoch nicht, da die Dampferbrücke etwas außerhalb und zudem an einem Strandabschnitt liegt, den meist nur die Anlieger der Ortsteile Mönkeberg und Kitzeberg nutzen. Dabei hat sie richtig Tradition: 1903/1904 aus Holz erbaut, wurde sie lange Jahre tatsächlich als Anleger für die Dampfschiffe genutzt, die die Kieler Förde überquerten. Auf ihr trafen sich morgens alle Kinder, die in Kiel zur Schule gingen, sowie die arbeitenden Erwachsenen, die so zur Arbeit fuhren. Das letztmögliche Erscheinen am Steg wurde zum beliebten Volkssport, wobei manch einer dem Fördedampfer nur noch beim Abfahren hinterherwinken konnte.

Heutzutage besteht die Brücke aus einer Stahlkonstruktion, wird aber seit 1998, seit ein Dampfer einen der Anlegedalben rammte, nicht mehr für den Schiffsverkehr genutzt. Umso mehr jedoch fürs Schiffe »kieken«. Denn diese ziehen weiter zahlreich über die Kieler Förde. Und eines Tages kann man vielleicht auch wieder von der alten Dampferbrücke aus mit ihnen mitfahren.

Adresse Schönkamp 1, 24226 Heikendorf // Anfahrt B 502 bis Gänsekrugredder in Mönkeberg nehmen, Kitzeberger Weg und Uhlenholt bis Schönkamp folgen // Öffnungszeiten jederzeit

TIPP: Ein paar Meter weiter liegt ein wunderschönes Strandrestaurant, dort gibt es leckere Waffeln, ein umwerfendes Frühstücksbuffet und ein Eis im Sommer.

16_DER DOPPEL-DECKERBUS

Die eigene Stadt neu entdecken

Einmal Tourist in der eigenen Stadt sein – das eröffnet neue Perspektiven! Möchten Kielerinnen und Kieler ihre Heimatstadt neu entdecken und ganz andere Aspekte an ihr kennenlernen, steigen sie in den auffälligen, knallroten Doppeldeckerbus von »City Sightseeing Kiel« und lassen sich auf eine unterhaltsame Rundfahrt ein. An aktuell acht Stopps gilt das »Hop on – hop off«-Prinzip: Jeder darf innerhalb von 24 Stunden so oft ein- und aussteigen, wie er will, und so auch einzelne Teile und Attraktionen von Kiel nochmal intensiver erkunden.

Die Route beginnt am Hauptbahnhof und schlängelt sich mit vielen maritimen Höhepunkten und einigen amüsanten, nicht immer ganz ernst zu nehmenden Geschichten von den Fähr- und Kreuzfahrtterminals an der Reventloubrücke bis zur Kanalschleuse in der Wik und wieder zurück über die Universität und die Holtenauer Straße in die Stadt. Kleine Kinder sind schon allein von der Fahrt mit dem Doppeldeckerbus und der Panorama-Aussicht aus vier Metern Höhe fasziniert. Größere Kids finden die kuriosen Geschichten cool und wählen einmal eine andere Sprache im informativen Audiosystem aus; die Kopfhörer sind im Preis inbegriffen. Der Bus und seine verschiedenen Stopps sind auch eine gute Gelegenheit, Familienfotos der anderen Art in der eigenen Stadt zu schießen, womöglich im auf die Spitze getriebenen Touri-Outfit. Buchbar ist das Angebot über die Touristen-Information in der Andreas-Gayk-Straße; das Familienticket ist aber auch direkt im Bus erhältlich.

Adresse verschiedene Haltestellen in Kiel, 24103–24106 Kiel; Start: am besten ab Hauptbahnhof // Öffnungszeiten Ende April–Anfang Okt. tägliche Hop-on-Hop-off-Fahrten // ab 3 Jahren

TIPP: Nutzt man den Hop-off in der Herthastraße, bietet sich ein Besuch der Petruskirche in der Wik mit dem zauberhaften und kinderfreundlichen Café Dreimaster an.

17_DER DÜVELSTEIN
Vom Teufel geschleudert

Ein Stein ist einfach nur ein Stein? Nix da, denn mit dem größten Findling Schleswig-Holsteins ist eine spannende Geschichte verbunden, die die Phantasie von Kindern anregt und den Besuch dort zu einem tollen Erlebnis macht. Denn den weit übermannshohen Felsbrocken bei Großkönigsförde soll der Teufel persönlich geschleudert haben, aus Wut über die Bewohner von Gettorf.

Diese hatten nämlich die Unverschämtheit besessen, eine Kirche zu bauen. Da warf der »Düvel«, wie er auf Platt genannt wird, den riesigen Findling, um das Gotteshaus für immer zu vernichten. Doch offenbar zielte er nicht richtig, denn nur der Luftzug, den der Stein erzeugte, streifte den Kirchturm, sodass dieser heute tatsächlich ein kleines bisschen schief steht.

Der Düvelstein liegt nun auf dem Feld der Gemeinde Lindau, in deren Wappen er auch Eingang gefunden hat. Neugierige Betrachter finden ihn westlich neben der Kreisstraße von Großkönigsförde nach Revensdorf; dort gibt es auch eine Haltebucht, eine Infotafel und gemütliche Picknickbänke.

Legt man die Hand auf den rauen Granit, ist da vielleicht noch eine Resonanz zu spüren, entweder vom Griff des Teufels oder vom Zahn der Zeit – denn in Wirklichkeit kam der unglaubliche 1,8 Milliarden Jahre alte und 180 Tonnen schwere »Teufelsstein« mit den Gletschern der Eiszeit aus Südschweden an seinen jetzigen Platz, von dem er sich wohl nicht mehr fortbewegen wird. Doch ihn wegzuschieben oder zum Wackeln zu bringen ist nicht ausdrücklich verboten – einen Versuch ist es wert!

Adresse Königsförder Straße, 24214 Lindau // **Anfahrt** am besten mit Geo-Koordinaten: 54.364556°, 9.912417°

18_DAS EIDERBAD

Baden mal anders

Hier geht es mal so ganz anders zu als im herkömmlichen Freibad: gemütlich, naturnah und ohne riesige Rutschen, Sportbecken und Sprungtürme. Dafür mit einer weitläufigen Liegewiese, einer lockeren Atmosphäre und einem großen Herz für Kinder. Genau richtig also für Familien, die es etwas ruhiger mögen und auf das große Brimborium zugunsten eines entspannten Nachmittags verzichten können!

Natürlich darf im Eiderbad Hammer trotzdem nach Herzenslust gebadet und gespielt werden. Dafür gibt es eigens ein 30 mal 15 Meter großes Schwimmbecken, ein Kleinkind-Planschbecken sowie einen schönen Spielplatz mit Schaukeln, Klettergerüst, Tischtennisplatte und Basketballkorb. Auf dem Volleyballfeld können sich ältere Kids messen, und für alle hält der Kiosk Eis, kühle Getränke und einen kleinen Imbiss parat.

Und noch etwas ist besonders im Eiderbad Hammer: Es wird von der Stiftung Drachensee betrieben, die Menschen mit und ohne Behinderung hier Arbeitsplätze mit Aufgaben in der Landschaftspflege, an der Kasse, im Imbiss und bei der Reinigung anbietet. Die Wasseraufsicht wird in Zusammenarbeit mit der DLRG wahrgenommen; auch Schwimmkurse für Kinder finden in dem besinnlichen Bad in der Umgebung des idyllischen Eiderlaufes statt.

> **TIPP:** Fährt man vom Eiderbad aus den Eider-Wanderweg Richtung Osten, kommt man an einem idyllischen kleinen Rastplatz vorbei. Hier steht vor der Abzweigung Richtung Norden, die der Kuhfurtsau folgt, eine einfache Bank mit einer herrlichen Aussicht auf die Eider.

Adresse Eiderbrook 59, 24113 Kiel // **ÖPNV** Bus 61, 62, Haltestelle Marienlust oder Bus 501, 502, Haltestelle Schulensee, dann umsteigen in Bus 5, Haltestelle Eiderbad (Anruf-Linientaxi Tel. 0180/1077070, das auch vom Linienbus aus angefordert werden kann) // **Öffnungszeiten** Mai–Sept. Mo–So 10–19 Uhr

19_DIE FAHRBÜCHEREI 9

Lesestoff auf starken Rädern

Eigentlich gehört er gar nicht hierher, der große Bücherbus, der an mehreren Stellen im Kieler Stadtteil Wellsee hält und ganz viele Bücher, Medien und Zeitschriften an Bord hat. Denn die sogenannte Fahrbücherei 9 ist eine Institution des Kreises Plön und kommt alle drei Wochen in die Gemeinden, um auch in der Fläche und in kleinen Orten Lese- und Hörbuch-Spaß zu den Menschen zu bringen.

Den Kindern sind solche Zuständigkeiten egal; sie winken und jubeln schon, wenn sie das knallblaue Gefährt von ferne sehen. Es ist aber auch spannend, die drei Stufen zu erklimmen und zu sehen, welche tollen Kinder- und Jugendbücher der Bus diesmal dabei hat! Hinein passen circa 4.500 der über 50.000 Medien aus dem Gesamtbestand, das ist schon eine Menge. Dabei ist alles, von Bilderbüchern für die Kleinsten über Leseanfänger-Bücher für Grundschüler bis hin zu Pferde-, Raumfahrt- und Comiclektüren für Jugendliche. Und natürlich Romane, Sachbücher, Krimis und mehr für die Eltern!

Wer sich nicht entscheiden kann, lässt sich von den netten Mitarbeiterinnen umfassend beraten. Wenn etwas nicht in den bis unter die Decke reichenden Regalen oder Kisten steht, kann es flugs über den Online-Katalog bestellt werden oder zu Hause über die »Onleihe« auf den eigenen Laptop, das Smartphone oder den E-Book-Reader heruntergeladen werden. Die Medien sind sechs Wochen lang ausleihbar, das Lesevergnügen ist für Kinder und Jugendliche kostenlos.

TIPP: Gut anlegen können Kids ihr Taschengeld beim zweimal jährlich stattfindenden großen Bücherflohmarkt der Zentralbücherei in Kiel. Dort gibt es viel Lesefutter zu kleinen Preisen!

Adresse Haltestellen laut Fahrplan auf www.fahrbuecherei9.de // **ÖPNV** Ortsbus 8 hält bei vielen Haltestellen des Bücherbusses in der Nähe // **Öffnungszeiten** laut Fahrplan // ab 2 Jahren

20_DIE FAMILIEN (T)RÄUME

Von Familienträumen, die wahr werden

Geborgenheit, Achtsamkeit, Nähe, Liebe, Zuwendung: All diese Werte machen bedürfnis- und bindungsorientierte Elternschaft aus. Damit sie gelebt werden können, brauchen sie einen Raum innerhalb, aber auch außerhalb der Familie. Und einen solchen bieten Anke und Kathleen, die beiden Gründerinnen der »Familien(T)räume«, an.

Unter einem Dach und unterstützt von weiteren fachlich qualifizierten Kursleiterinnen vereinen die beiden Kielerinnen eine Vielzahl von Angeboten, darunter Trage-, Kanga-, Geburts-, Fabel-, Musik- und Tanzkurse. Aber auch individuelle Familienberatung, Kinder- und Jugendcoaching und Reflexintegration sind möglich, ebenso haben Themen-Kindergeburtstage, Baby-Shower, das Milch-Café und eine Musical-Gruppe hier ihren Platz. Zusätzlich verkaufen Anke und Kathleen Tragezubehör, thematisch passende Bücher und liebevollen »Kleinigkeiten« für Eltern und ihre Kinder und verleihen bei Bedarf auch mal einen Geburtspool.

Damit sind die »Familien(T)räume« ein wichtiger Anlaufpunkt in Kiel mit geballter Kompetenz rund um die Themen Schwangerschaft, Geburt, Baby- und Kinderzeit, Frauengesundheit, Partnerschaft, Tanz und Bewegung. Bei der gesamten Arbeit stehen die individuellen Bedürfnisse der und des Einzelnen im Zusammenspiel mit den übrigen Familienmitgliedern im Vordergrund. Die Räumlichkeiten sind total liebevoll gestaltet und werden bis in den letzten Winkel vielfältig und ideenreich dafür genutzt, die Träume aller Beteiligten in einer Familie wahr werden zu lassen.

Adresse Hofholzallee 22, 24109 Kiel // ÖPNV Bus 31, 91, Haltestelle Waldeck/Waldorfschule // Öffnungszeiten Kurse mit Anmeldung, Kontakt unter familienträume-kiel.de // ab 0 Jahren

TIPP: Alle, die ihr Ziel gern im Blick haben, können schräg gegenüber bei »Bowfire« das Bogenschießen erlernen.

21_ DIE FISCHTREPPE
Wo die Fische hüpfen

»Wetten, gleich springt wieder einer?« Die von den Kids gerne angebotene Wette können Eltern ruhig annehmen, denn die Chancen dafür stehen an den angestauten Gewässern und den umliegenden Teichen an der Rastorfer Mühle echt gut. Und die Fischtreppe wurde eigens dafür gebaut! Mit ihrer Hilfe überwinden Fische den Höhenunterschied, der durch das Anstauen der einzelnen Bereiche der Schwentine auf ihrem langen Weg vom höchsten Punkt Schleswig-Holsteins bis in die Kieler Förde entsteht. Dabei können sie von Becken zu Becken schwimmen oder eben auch springen, was natürlich noch anschaulicher ist.

Doch die Fischtreppe ist nicht ganz leicht zu finden. Sie liegt versteckt und wunderbar idyllisch im Schwentinental in der Nähe der Rastorfer Mühle, die einst tatsächlich die Funktion einer Mühle innehatte, jedoch seit 1904 zum Wasserkraftwerk umfunktioniert wurde. Am besten folgt man der gleichnamigen Straße vom Fernsichtweg aus bis ganz nach unten, wo man das Wasser schon riechen und hören kann.

Ebenso wie die Karpfen, die am Wasserplanschen und Springen je nach Wetterlage viel Vergnügen zu haben scheinen. Damit die Kinder nicht einfach ins Wasser hinterherhüpfen, sind die vielen kleinen Brücken meist gut mit Geländern gesichert; aufpassen sollten Eltern jedoch trotzdem. Der Begeisterung für den »Fisch-Hochsprung« tut das keinen Abbruch: Platsch, schon wieder einer, der aus dem Wasser hüpft und mit einem satten Klatscher zurückfällt – Wette gewonnen!

Adresse Rastorfer Mühle, 24223 Schwentinental // **ÖPNV** Regionalbahn Richtung Lübeck, Umstieg am Raisdorfer Bahnhof in Bus 2, 300, Haltestelle Raisdorf Fernsichtweg

22_DER FITNESSPARK

Sport und Spaß für die ganze Familie

Als ganze Familie zusammen Sport treiben, kostenlos und rund um die Uhr? Der neu errichtete Fitnesspark auf der grünen Wiese macht's möglich! Genauer gesagt liegt er in Kiels ältester Grünanlage, der Forstbaumschule, in der alle bewegungsfreudigen Kieler auch herrlich joggen und walken können. Auf der »Katholikenwiese«, die ihren Namen durch den Bezug zu der nebenstehenden katholischen Kirche St. Heinrich erhalten hat, wurde 2018 ein nigelnagelneues Fitnessareal eröffnet, auf dem jedermann zu jeder Zeit unter freiem Himmel trainieren kann.

Das Gemeinschaftsprojekt von Stadt, Krankenkasse, Sportfachhandelsverbund und Firmen möchte Stress und Übergewicht entgegenwirken und die Freude an Fitness und Bewegung fördern. Und zusammen trainieren macht mehr Spaß! Tatsächlich können Eltern und Kinder an den zehn Sportgeräten auf der 340 Quadratmeter großen Anlage super Sport treiben und sich gegenseitig anfeuern.

Ob klassisches Zirkeltraining, Street Workout oder Crosstraining: Hier kommt jeder auf seine Kosten; nur sollten die Kids alt genug sein, um die Sportgeräte mit Hilfe ihrer Eltern sinnvoll zu nutzen. Anleitungen stehen auf großen Schildern und per App zur Verfügung und werden von Trainingsplänen sowie Ernährungstipps ergänzt. Die Geräte sind sogar als behindertengerecht ausgewiesen und frei zugänglich.

Und frische Luft ist in diesem tollen Park ohnehin genug vorhanden!

TIPP: Auch die Kleinsten wollen sich bewegen? Dann nichts wie ab auf den Spielplatz nebenan, an dessen Rand die Großen zugleich ein Beachvolleyball-Feld vorfinden.

23_DER MARITIME FLOHMARKT
Takel & Tüdel

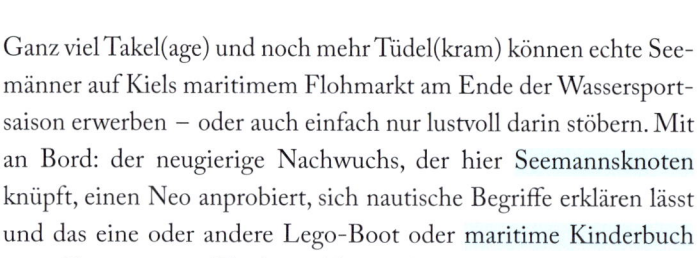

Ganz viel Takel(age) und noch mehr Tüdel(kram) können echte Seemänner auf Kiels maritimem Flohmarkt am Ende der Wassersportsaison erwerben – oder auch einfach nur lustvoll darin stöbern. Mit an Bord: der neugierige Nachwuchs, der hier Seemannsknoten knüpft, einen Neo anprobiert, sich nautische Begriffe erklären lässt und das eine oder andere Lego-Boot oder maritime Kinderbuch unter Einsatz seines Taschengelds ersteht.

Der besondere Flohmarkt für alle Meer-Verrückten findet an einem passenden Ort statt: im und um den Terminal am Ostseekai, direkt an der Kieler Innenförde, von dem aus das »Schiffe kieken« ohnehin immer Spaß macht. Während drinnen allerhand Boots- und Segelzubehör, Kleidung, Taue, Bücher, Modellschiffe, maritimes Kunsthandwerk und nautische Kuriositäten, teils noch aus Kaiser Wilhelms Zeiten, feilgeboten werden, stellen private und gewerbliche Verkäufer im Außenbereich schon mal eben ihren Trailer oder eine schmucke Segelyacht aus. Da machen die Lütten große Augen und möchten am liebsten gleich lossegeln!

Auch die Verpflegung für die ganze Familie ist mit Fischbrötchen, Grillwurst, Crêpes und Kaffeewagen gesichert, sodass zum Mittagsimbiss keiner nach Hause muss. Nur die Parkplätze auf dem Gelände sind schnell belegt, sodass sich ein frühes Erscheinen oder die Anfahrt mit öffentlichen Verkehrsmitteln empfiehlt. Und die Mitnahme von ein paar Taschen – für den erworbenen Tüdelkram.

TIPP: Ein Bummel durch den benachbarten Sportboothafen Seeburg rundet den maritimen Ausflug ab und sorgt für weitere Segler-Träume.

24_DIE FONTÄNEN

Wasserspiele mitten in der Stadt

Kleine Abkühlung an heißen Sommertagen gefällig? Kids jeden Alters haben einen irren Spaß, wenn sie durch die auf- und niedersteigenden Fontänen des Wasserspiels im Hiroshima Park hindurchlaufen. Natürlich ist es – zu jeder Jahreszeit – das Ziel, *nicht* nass zu werden; doch aus nachvollziehbaren Gründen bleibt hier kein Kind völlig trocken. Auch wenn das möglich wäre: Die Wasser-Installation des dänischen Künstlers Jeppe Hein mit dem bezeichnenden Namen »Changing Invisibility« aus dem Jahre 2004 sieht vor, dass man trockenen Fußes hinter den plötzlich aufspritzenden Wasserwänden verschwinden und auch wieder auftauchen kann. Mit diesem Spiel wird der Akteur »unsichtbar« und hält die Umstehenden ein kleines bisschen zum Narren. Nur sind dafür viel Geschick und ein genaues Austüfteln der Reaktion der im Boden eingebauten Sensoren nötig – und Nasswerden macht so viel mehr Spaß!

Doch wenn die Erwachsenen Wechselsachen mitgenommen haben und die Sonne ohnehin heiß vom Kieler Himmel brennt, sind ein paar Spritzer beziehungsweise eine kleine Dusche kein Problem, sondern eine tolle Nachmittagsbeschäftigung. Während der Nachwuchs quietschend hin und her rennt, können die Eltern in den von der Stadt bereitgestellten bunten Liegestühlen, die sich locker um das Wasserspiel herum gruppieren, relaxen oder ihre Decke auf dem Rasen ausbreiten.

TIPP: Etwas weiter östlich im Hiroshimapark, nahe dem Martensdamm, befindet sich eine weitere begehbare Skulptur, die metallisch-glitzernde, lichtkinetische Spirale von Hermann Göpfert, aus deren Mitte man interessante optische Ausblicke auf den Park, das Rathaus und den Kleinen Kiel gewinnen kann.

25_DIE FORSTBAUMSCHULE

Alte Bäume kennen- und lieben lernen

Bäume umarmen – das soll ja gesund sein und entspannend wirken! Auf jeden Fall lohnt es sich, die verschiedenen Baumarten in der Forstbaumschule, dem ältesten Park Kiels, einmal näher kennenzulernen. Die großflächige Grünanlage auf dem Westufer kennen zwar viele Kieler, doch die wenigsten gucken sich mit ihren Kindern bewusst die vielen unterschiedlichen und teils auch exotischen Baumarten an, die dort zu finden sind, darunter ein Mammutbaum und beeindruckende nordamerikanische Eichen. Das lohnt sich jedoch, denn viele der uralten Baumriesen sind nicht nur wunderschön, sondern auch als Naturdenkmäler eingetragen.

Außerdem erkunden Kinder die alten Bäume oft auf ganz eigene Art und Weise: Sie sammeln jeden Kiefernzapfen, wundern sich über eigenartige Blätter, bestaunen die höchsten Wipfel, gucken unter hervorstehende Wurzeln und in jede Baumhöhle. Und sollte ein Baum mal umgestürzt sein, wird er sofort fürs Drüberklettern und Balancieren genutzt.

So wie der große alte Baumstamm vor dem Café und Restaurant, das genauso heißt wie der Park selbst, einfach »Forstbaumschule«. Er zieht große und kleine Kids magisch an, die um, auf und über ihm spielen und toben, falls die Eltern wieder einmal länger bei Kaffee und Kuchen sitzen bleiben. Es sei ihnen verziehen, denn Letzterer wird jeden Tag selbst gebacken und schmeckt einfach köstlich. Und für den anschließenden Spaziergang auf Försters Spuren muss sich die ganze Familie ja schließlich stärken!

Adresse Düvelsbeker Weg 46, 24105 Kiel // **ÖPNV** Bus 32, 42, Haltestelle Düvelsbeker Weg // **Öffnungszeiten** Park: jederzeit; Restaurant/Café: täglich 10–1 Uhr

TIPP: Spaziert man die Bismarckallee hinunter, gelangt man zu einem versteckten Aussichtspunkt, dem sogenannten Hirschfeld-Blick. Von hier aus auf die Kieler Förde zu gucken und den Bötchen zuzuwinken, ist ein entspannter Zeitvertreib.

26_ DER FREILAND-HÜHNERHOF

Frühstückseier selber kaufen

War zuerst die Henne da oder doch das Ei? Das ist zwar eine gute Frage, aber eigentlich nicht so wichtig. Wichtig ist vielmehr, dass Kinder heutzutage noch wissen, dass die Eier von echten Hühnern kommen und nicht (nur) aus dem Supermarkt. Und dass sie schon mal ein lebendiges Huhn gesehen haben, möglichst ein glückliches! Mit eigenen Augen können sie das auf Hof Aderhold im Kieler Süden, der seit fünf Generationen fest in Familienhand ist. Den Betreibern Thies und Friderike liegt ein verantwortungsvoller und schonender Umgang mit Tier, Natur und Ressourcen am Herzen. Entsprechend versorgen sie regionale Geschäfte in Kiel und Umgebung mit Bio- und Freiland-Eiern.

Ein tolles Erlebnis für die ganze Familie ist es, die Eier selbst zu erstehen – und zwar in Friderikes liebevoll eingerichtetem Hofladen. Denn hier kann man nicht nur zwischen unterschiedlichen Ei-Größen wählen, sondern auch viele andere saisonale und regionale Produkte einkaufen. Das verlockend präsentierte Sortiment reicht von frischen Erdbeeren, Gemüse und Blumen zum Selber-Pflanzen über heimischen Käse, Erzeugnisse vom Schottischen Hochlandrind sowie Bio-Aufstriche und leckere Marmeladen bis hin zu lokal hergestellten Bonbons und Lakritz-Spezialitäten sowie kunterbuntem Kindergeschirr aus Dänemark.

Das Stöbern und Aussuchen macht einfach Spaß! Danach tragen die fleißigen Einkäufer wie in früheren Zeiten alle Artikel in ein kleines Büchlein ein und zahlen die Summe in die Kasse daneben. Das legefrische Frühstücksei schmeckt so gleich viel besser!

Adresse Zum Schlüsbeker Moor 33, 24145 Kiel // **Anfahrt** B 404, links abbiegen auf Zum Schlüsbeker Moor // **Öffnungszeiten** Mo–Sa 7.30–19 Uhr, So 7–12 Uhr

27_DAS FRESCO

Die grüne Oase mitten in Kiel

In einem liebevoll hergerichteten Garten frühstücken und das mitten in Kiel: Im Fresco ist dies nicht nur möglich, sondern auch mit Kindern eine äußerst entspannte Angelegenheit. Denn hier stehen die Tische nicht dicht an dicht, sondern verteilen sich locker über die grüne Oase, die Manfredo und sein Team aus dem einst grauen Kieler Hinterhof geschaffen haben. Hier wachsen Pflanzen und singen Vögel, und hier sind kleine Gäste gern gesehen. Kein Wunder, der Besitzer hat selbst vier Stück, kennt deren Bedürfnisse und weiß, dass Kindergetrappel und Croissantgekrümel einfach dazugehören.

Deshalb gibt es im Fresco genug Platz, um auch mal zwischen den stilvoll dekorierten Tischen hindurchzulaufen. Außerdem dürfen die Kinder gerne den kleinen Teich mit den schillernden Gold- und Zierfischen besuchen und an den verschiedenen Kräutern schnuppern, die in zahlreichen Tontöpfen rund um die Terrasse gedeihen, ebenso wie ein kleiner Orangenbaum. Doch am allerwichtigsten ist es für alle Kids, einmal auf das große Spielpferd neben dem Sandkasten unter der Schatten spendenden Birke zu klettern und die wilde Mähne zu kraulen. Währenddessen können die Eltern ganz in Ruhe zu Ende essen und den vortrefflichen Kaffee genießen.

Besonders köstlich schmeckt im Fresco das Frühstück, aber die warmen Gerichte und Salate, der Kuchen und die beliebten Waffeln sind ebenfalls hervorragend. Auch für die Ausrichtung privater Feiern hat Manfredo die richtigen Räumlichkeiten, schmeißt dabei für die Jugendlichen im Tanzsaal schon mal die Discokugel an und singt jedem Geburtstagskind sein eigenes Ständchen.

Adresse Möllingstraße 3, 24103 Kiel // **ÖPNV** Bus 31, 101, Haltestelle Exerzierplatz // **Öffnungszeiten** Mo–Fr 9–21.30 Uhr, Sa 8–21.30 Uhr, So 8–18 Uhr, Reservierung empfohlen

TIPP: Nicht weit entfernt agieren in einer ehemaligen Schlosserei »Die Komödianten« (Wilhelminenstraße 43), die neben modernen Inszenierungen auch jeden Sommer das Freilichttheater im Innenhof des Kieler Rathauses betreiben und dort den »Kleinen Prinzen« aufführen.

28_DER FRÜH-STÜCKSTREFF

Spielen und sich austauschen

Die Nacht mit den Lütten war schlecht, schlechter, am schlechtesten? Und zum Brötchen-Einkaufen ist auch niemand gekommen? Dann gibt es einen Ort, der Kaffee in rauen Mengen, ein leckeres Frühstück, eine Spielgelegenheit für die viel zu wachen Kinder und mit Glück sogar nette Gesellschaft bietet, die diese Lebenslage kennt und versteht: das Ikea-Restaurant zur besten Frühstückszeit.

Ohne sich zu verabreden, trifft man hier morgens ab halb zehn regelmäßig mehr oder weniger müde Mamis (und natürlich auch ein paar Papis) mit ihren Babys und Kleinkindern. Das Frühstück mit schwedischem Einschlag wird in verschiedenen Größen, aber immer zu günstigen Preisen angeboten. Einmal bezahlt, kann man seinen Kaffee unendlich oft auffrischen – oder einfach so oft wie nötig. Die Babynahrung ist ebenso wie die Windeln gratis. Es stehen auch Kinderbesteck und Lätzchen zur Verfügung, falls man das eigene aufgrund von Müdigkeit vergessen haben sollte. Und über ein paar Krümel meckert wirklich niemand.

Ins Restaurant kommen Eltern mit dem Kinderwagen gut rein, Platz genug zum Abstellen ist auch, und zwar für mehr als einen Buggy. Zudem existiert eine kunterbunte Spielecke, in der kleine bis mittelgroße Kinder genug Anregung finden, während ihre Eltern mit Gleichgesinnten schnacken. Das freie WLAN ist ein weiteres Plus, und im Anschluss tut ein Bummel durch die Ausstellung not – irgendetwas »brauchen« Eltern ja immer.

TIPP: Für alle Familien, die mit dem Elektro-Auto unterwegs sind, gibt es bei Ikea eine Ladestation.

Adresse Westring 1, 24114 Kiel //
ÖPNV Bus 81, Haltestelle Ikea //
Öffnungszeiten Frühstückszeiten:
Mo–Sa 9.30–11 Uhr

29_ DER GAME DAY
Zocken mit der Wii

Rennen fahren, Charaktere gestalten, Punkte sammeln, das nächste Level erreichen und einen Nachmittag mal so richtig zocken! Das geht ganz gechillt beim Game Day mit der Wii, der mindestens einmal im Monat in der Stadtteilbücherei Gaarden angeboten wird.

Bei Super Mario und Co können Kids von acht bis 13 Jahren alleine oder gegeneinander antreten. Ganz ohne Eltern natürlich, aber mit netten und kompetenten Betreuerinnen, die selbst fit an den Konsolen sind und sich im Gaming bestens auskennen.

Mit Glück ist ein riesiger Bildschirm vor Ort, als Leihgabe vom Mehrgenerationenhaus Gaarden. Dann macht das Zocken doppelt Spaß! Auch mehrere Tablets mit Spielen werden angeboten, und es wird durchgewechselt, sodass alle Kids mal an die Reihe kommen. Jede und jeder ist hier willkommen, der Eintritt ist frei.

Ein Highlight ist zudem der Raum, in dem der virtuelle Spiele-Nachmittag stattfindet: Die Veranstaltungsecke für Kinder und Jugendliche in der Stadtteilbücherei Gaarden wurde von der Kieler Künstlerin und Kunstpädagogin Katharina Kierzek in ein abgefahrenes Raumschiff mit Blick in die Tiefen des Weltalls verwandelt. Der Kontakt mit Aliens, Ufos, fremden Wesen und Planeten ist hier quasi inklusive, sodass der Aufenthalt zum Erlebnis wird, auch wenn die Kids gerade nicht an der Wii um die Wette spielen.

> **TIPP:** Im Vinetazentrum befindet sich das Flex-Café mit gutem Essen und Snacks zu günstigen Preisen. Jüngere Geschwisterkinder können sich in der Spiele-Ecke austoben, während die Eltern Kaffee trinken.

Adresse Stadtteilbücherei Gaarden, Elisabethstraße 64, 24143 Kiel // ÖPNV Bus 11, 22, 31, 34, 101, Haltestelle Karlstal // Öffnungszeiten mindestens ein Do im Monat 16–17.30 Uhr // 8–13 Jahre

30_DER GARTEN FÜR DIE SINNE

Bunt und inklusiv

Ein Ort, um sich zu begegnen, ein Ort, um an Blumen zu schnuppern und Kräuter zu pflanzen, ein Ort, um etwas Schönes zu schaffen – das ist die Idee hinter dem Garten für die Sinne vor dem Van der Camer-Haus im Kieler Stadtteil Hassee. Ursprünglich gab es hier nur etwas Rasen und ein paar zweckmäßige Wege; doch seit Kurzem ist es bunt und blumig geworden: Mit den von schönen Steinen eingesäumten Beeten, einer dem Wechsel der Jahreszeiten folgenden Bepflanzung, rustikalen Palettenmöbeln und einer Terrasse mit farbenfroh angestrichenen Stühlen haben die AWO-Mitarbeiterinnen und -Mitarbeiter gemeinsam mit zahlreichen fleißigen Helfern eine kleine grüne Oase geschaffen.

Diese wartet nicht nur auf die Bewohner des inklusiven Van der Camer-Hauses oder des Seniorenheims nebenan, sondern auch auf alle anderen. Denn hier darf jeder hingehen und sich einbringen, auch mit der Anlage eines eigenen Mini-Beetes! Das ist toll für Familien mit Kindern, die keinen eigenen Garten haben oder sich einfach mal für die eigene Bepflanzung inspirieren lassen wollen. Die Kleinsten können zudem am Schnullerbaum den lieb gewonnenen Nuckel abgeben und ihn bei Gelegenheit immer mal wieder besuchen.

Das Projekt steht noch relativ am Anfang, es gibt also viel Raum für die (Mit-)Gestaltung! Geplant sind beispielsweise ein Insektenhotel, ein Barfuß-Pfad und eine Wildblumenwiese; weitere Ideen sind willkommen. Der Garten für die Sinne ist ein Ort, der Sinn macht – auch für Familien mit Kindern.

Adresse Hasseer Straße 22, 24113 Kiel // **ÖPNV** Bus 50, 51, Haltestelle Uhlenkrog // **Öffnungszeiten** unter der Woche tagsüber, fürs erste Gärtnern bitte anmelden, Tel. 0431/26044461

31_DER GERMANIAHAFEN

Wo die alten Schiffe schaukeln

Er ist einer von Kiels maritimsten Orten: der Germaniahafen auf der Ostseite der Hörn, der zugleich als Museumshafen für traditionelle Segelschiffe und historische Wasserfahrzeuge ausgewiesen ist. Hier liegen ansehnliche Schoner, ehemalige Dampfschlepper, behäbige Gaffel-Kutter und natürlich auch Gastsegler aus aller Welt, die teils über 100 Jahre alt sind.

Sie alle können »Schiffkieker« aus unmittelbarer Nähe bestaunen oder beim »Tag der offenen Luke«, der einmal im Jahr stattfindet, von innen kennenlernen. Bei dieser Gelegenheit sowie bei anderen Festivitäten im Germaniabecken wird maritime Musik gespielt und alte maritime Handwerkskunst vorgeführt. Doch es lohnt sich auch, einfach mal so vorbeizukommen, sich auf die begrünten Treppenstufen zu setzen, den Schiffen beim sanften Schaukeln auf den Wellen und den Möwen beim Kreisen zuzusehen – das entspannt ungemein.

Wer bei dem Anblick Lust bekommt mitzusegeln, kann dies gerne tun! Alle historischen Wasserfahrzeuge sind seetauglich. Der Verein Museumshafen Kiel e.V. bietet zudem Kindern und Jugendlichen die Chance, auf den traditionellen Schiffen segeln und ein kameradschaftliches Miteinander sowie Grundlagen der Nautik zu lernen. Dafür stehen der Schoner »Zuversicht«, der Jugendkutter »Clara« und die Ketsch »Seestern« zur Verfügung. Im Sommer werden die Gaffelsegel der Flotte zudem zur Leinwand für das Gaffelkino im Germaniahafen.

Adresse Am Germaniahafen, 24143 Kiel // ÖPNV Haltestelle Hauptbahnhof; dorthin fahren fast alle Buslinien // Öffnungszeiten jederzeit

32_GLEIS 3 IM HAUPTBAHNHOF

Beinah eine Bahnfahrt wagen

Jeder kennt den Hauptbahnhof Kiel – doch wer ist schon mal mit seinen Kids einfach so dorthin gegangen? Vermutlich nur wenige, dabei lieben Kinder Züge und Fortbewegungsmittel aller Art.

Wer auch nur eine Stunde an Gleis 3 im Hauptbahnhof Kiel verbringt, wird feststellen, dass es dort viel zu sehen gibt, was gerade kleine Kids zum Staunen bringt: behäbige Regionalbahnen, stromlinienförmige ICEs und sogar Sonderzüge von und nach Dänemark! Dazu spontan wechselnde Anzeigetafeln, blinkende Signalleuchten, winkende Schaffner sowie aufregende Geräusche und Gerüche.

Außerdem haben die Züge unterschiedliche Waggons: Solche mit normalen Großraum- oder Einzelabteilen, aber auch Speisewagen, Schlafwagen, Gepäck- und Fahrradwagen, Doppelstöcker; nicht zu vergessen die Loks. Ganz Mutige steigen einmal in die bereitstehenden Züge ein, um sich umzugucken – und rechtzeitig vor der Abfahrt wieder aus. Das alles finden fahrzeuginteressierte Kinder unglaublich spannend!

So wird aus dem schnöden Bahnhof, der den Erwachsenen nur als Ankunfts- und Abfahrtsort dient, eine Erlebnisstätte erster Güte. Die vielen neuen Eindrücke dienen zugleich als gute Vorbereitung auf die erste wirkliche Bahnfahrt. Ein weiteres Plus: Dieser Ausflug ist auch wunderbar an einem Winter- beziehungsweise Regentag machbar, denn nahezu alles im Hauptbahnhof Kiel ist überdacht. In der Bäckerei im vorderen Teil bekommt man außerdem einen warmen Kakao.

Adresse Sophienblatt 25–27, 24114 Kiel // **ÖPNV** zum Hauptbahnhof fahren fast alle Buslinien // **Öffnungszeiten** jederzeit

TIPP: Vor der Tür warten weitere spannende Fortbewegungsmittel auf die kleinen Fahrzeugliebhaber: Spazieren sie die große Kaisertreppe Richtung Hörn hinab, sehen sie Taxen und Busse, ja sogar Schiffe. Dort können sie mit ihren Eltern zusammen gucken oder gleich weiterfahren!

33_ DER GOLDFISCH

Kiels bestes Fischbrötchen mit Meerblick futtern

Ein leckeres Brötchen, außen knusprig, innen weich, cremige, selbst gemachte Remoulade oder Hausfrauensoße, ein knackiges Salatblatt und darauf richtig frischer Fisch: So etwas essen alle Küstenkinder gern!

Im Hafenkiosk »Goldfisch« in Schilksee gibt es die großzügig belegten Fischbrötchen in allen Varianten: mit Fischfrikadellen, Backfisch, Matjes, Bismarckhering, Räucherlachs, Aal, Makrele und vielem mehr. Doch auch Tellergerichte und der hausgemachte Kartoffelsalat werden angeboten; beliebt bei Kindern ist besonders das sogenannte »Goldfisch-Menü«. Alles wird natürlich frisch zubereitet. Dabei werden auch die Kleinsten freundlich gefragt, was sie denn essen mögen, und bekommen gegen das Kleckern bei Bedarf ein paar Servietten extra.

Maria und Nadine Lerdon, »Desperate Fishwives« und Inhaberinnen vom »Goldfisch«, waren früher selbst Seglerinnen und wissen, welchen Hunger kleine Klabautermänner und -frauen haben können; entsprechend wird man hier gut satt. Und das Fischbrötchen draußen vor dem Kiosk zu essen, der direkt vor dem Anleger von Schilksee steht, sorgt für das richtige maritime Flair. Nicht ohne Grund wurde der »Goldfisch« 2019 zur besten Fischbrötchen-Bude Schleswig-Holsteins gekürt. Hier stimmt einfach alles, besonders der Fisch vom Feinsten, den Fischers Fritze womöglich selbst gefischt hat.

TIPP: Spaziert man gesättigt die Strandpromenade in Schilksee Richtung Norden entlang, liegt dort ein relativ neu angelegter Kinderspielplatz, ebenfalls mit Meerblick.

Adresse Soling 50, 24159 Kiel // **ÖPNV** Bus 502, Haltestelle Schilksee Drachenbahn // **Öffnungszeiten** Mo–So 11–20 Uhr

34_DAS MARITIME GRAFFITO

Moin, Captain Nemo!

Da biegen Sie ahnungslos um die Ecke eines grauen Kieler Straßenzugs – und plötzlich ist alles bunt! Farbenfrohe Korallen, funkelnde Seesterne und viele schillernde Meerestiere sehen Ihnen von der Fassade des mehrstöckigen Gebäudes Ecke Kirchenweg/Kaiserstraße entgegen. Sogar eine großäugige Captain-Nemo-Version ist dabei und bringt Kinderaugen zum Strahlen.

Und das völlig legal, denn während Graffiti sonst gelegentlich als Ärgernis oder gar als Sachbeschädigung wahrgenommen werden, handelt es sich in diesem Fall um echte Street Art. Sie wurde sogar beauftragt und ist unter der Mitwirkung von Kindern und Jugendlichen entstanden: Die Fassadengestaltung ist das Ergebnis eines Projekts mit Kids des AWO-Jugendtreffs Räucherei und dem Kieler Sprüh-Künstler Sim Levi von Baltic Art.

Das maritime Kunstwerk fasziniert alle Altersstufen. Durch die Komplexität der Gestaltung gibt es viel zu entdecken, und zwar gleich auf mehreren Ebenen: Während sich kleinere Kinder vor allem an den phantasievollen Farben und Formen der Meereswelt erfreuen, können größere Kids und Jugendliche auch die Kritik erkennen, die mit ins Gemälde gesprüht wurde. Wenn sie genauer hinschauen, sehen sie nämlich, dass es einigen von Nemos Freunden gar nicht gut geht, weil sich Unrat wie etwa alte Elektrogeräte auf dem Meeresgrund befindet. Der unübersehbar angebrachte Hashtag #Meereschützen macht deutlich, dass es an der Zeit ist, umzudenken und die Ozeane nicht mehr als selbstverständlich hinzunehmen, sondern als schützenswerten Lebensraum für eine reiche Tier- und Pflanzenwelt.

Adresse Ecke Kirchenweg/Kaiserstraße, 24143 Kiel // **ÖPNV** Bus 11, 31, Haltestelle Karlstal // **Öffnungszeiten** immer geöffnet

TIPP: Offenes Ohr und konkrete Hilfen gesucht? In der Kaiserstraße 100 befindet sich die Familienberatungsstelle Süd-Ost, die sowohl Eltern als auch Kindern und Jugendlichen als vertrauenswürdige und kompetente Anlaufstelle bei Problemen zur Seite steht (Tel. 0431/7099820).

35_DER HIMBEERHOF

Pflücken, Spielen und Schlemmen

Ab in die Erdbeeren! Denn obwohl die Himbeeren in den 1980er Jahren der ursprüngliche Anbauschwerpunkt von Gut Steinwehr waren, sind dort heutzutage die Erdbeeren das beliebteste Beerenobst. Die schmecken aber auch lecker! Die Reihen für Selberpflücker scheinen bis zum Horizont zu reichen, und dicke runde Früchte wachsen wahrlich genug. Das Ernten macht der ganzen Familie Spaß – ebenso wie das Naschen. Denn das ist natürlich erlaubt, und die Kinder genießen den Erdbeerschmaus in vollen Zügen. Genauso stolz sind sie aber auch, wenn die leeren Schüsseln und Gefäße sich langsam füllen und sie beim Wiegen mit eigenen Augen sehen können, wie viele Kilo Erdbeeren sie gesammelt haben.

Zur Belohnung geht es dann ins Hofgarten-Café, wo hausgemachte Erdbeerkuchen und -Torten, aber auch deftig belegte Brote, heißer Kakao und Kaffee schon bereitstehen. Es könnte jedoch sein, dass die Kids hier nicht allzu viel verspeisen, sondern spielen, spielen, spielen. Denn dies ist die eigentliche Attraktion des Himbeerhofes Steinwehr: jede Menge Sandkästen, Schaukeln, Rutschen, Holzpferde, Spielautos und Sandspielzeug inmitten des malerischen Outdoor-Cafés. Die Spielgeräte sind strategisch so geschickt zwischen den Tischen verteilt, dass die Eltern in Ruhe Kaffee trinken und zugleich den Nachwuchs im Blick behalten können. In einer ruhigen Ecke warten ein paar Ziegen auf die kleinen Besucher. Durch die tolle Kombination von Pflücken, Spielen und Schlemmen sind am Ende alle glücklich – und die geernteten Erdbeeren können Groß und Klein auch noch am nächsten Tag gemeinsam verarbeiten.

Adresse Steinwehr 20, 24796 Bovenau // **Anfahrt** A 210 bis Ausfahrt Bredenbek, Kieler Straße folgen, Dengelsberg bis Steinwehr in Bovenau nehmen // **Öffnungszeiten** Hofcafé: Mo–Fr 12–18 Uhr, Sa, So 10–18 Uhr

36_DER HÖHENFLUG

Spielzeug hemmungslos ausprobieren

Einen Spielzeugladen mit kleinen Kindern betreten – und dort richtig Spaß haben? Entspannt, ohne ständiges Ermahnen, Quengeln und Co? Im »Höhenflug« in der Holtenauer Straße ist das im wahrsten Sinne des Wortes ein Kinderspiel, denn hier sind Anfassen und Ausprobieren ausdrücklich erlaubt!

Kinder jeden Alters dürfen in dem Spielzeugfachgeschäft mit Entdeckerfreude und Begeisterung in die Welt der Phantasie eintauchen und sich einmal quer durch den kunterbunten Laden stöbern. Vom Greifling bis zum Spezialflugdrachen gibt es hier alles; vom Baby über das Kleinkind bis hin zum Teenager und zum Erwachsenen werden alle glücklich.

Warum das so ist? Weil Stefan Schneider und sein Team wissen, wie kleine, große und ewige Kinder im Herzen wirklich sind und womit sie gerne spielen. Und die Produkte entsprechend aussuchen: nach Qualität, Langlebigkeit und Nachhaltigkeit. Danach, ob sie kunterbunt und kuschelig sind, ob sie den Funken überspringen lassen und echte Freude hervorzurufen vermögen, ob sie kleine Kinderhände auch auf Dauer aushalten, Neugierde wecken und die Vorstellungskraft ansprechen, ob man jeden Tag wieder mit ihnen spielen möchte und vor allem: ob sie Kinderaugen zum Leuchten bringen.

Zusätzlich zu all dem Spielzeug gibt es hier auch eine Ecke mit zauberhaftem Geburtstagszubehör, einen Ballonservice und die schnellsten Lenkdrachen von ganz Kiel. Wenn das einen mal nicht in Höhenflüge versetzt!

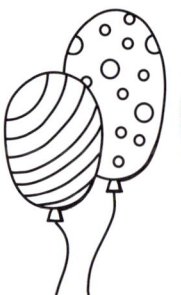

TIPP: Die Förde VHS, die in der Muhliusstraße angesiedelt ist, bietet im Programm der »Jungen VHS« tolle Kurse für Kinder an, auch als Ferienprogramm.

Adresse Holtenauer Straße 35, 24105 Kiel // **ÖPNV** Bus 501, 502, Haltestelle Dreiecksplatz // **Öffnungszeiten** Mo–Fr 10–19 Uhr, Sa 10–18 Uhr

37_DER IRRGARTEN

Erst suchen und dann Kuchen essen

»Hier entlang, Mami!« – »Nein, hier!« Im Leben führen viele Wege zum Ziel, im Irrgarten Probsteierhagen letztlich nur ein einziger. Herauszufinden, welcher das ist, bereitet Kids jeden Alters Vergnügen. Besonders, wenn sie diesen netten Ausflug zu mehreren unternehmen, denn dann können sie gemeinsam die unterschiedlichen Pfade zwischen den grünen Hecken ausprobieren, trefflich diskutieren und sich gegenseitig durch Zurufe leiten, wenn sie sich an einer Abzweigung mal trennen. Auch für genug Bewegung ist damit gesorgt, denn das gut gepflegte Heckenlabyrinth umfasst etwas mehr als 2.000 Quadratmeter. Dennoch geht hier kein Kleinkind verloren, denn an den relevanten Stellen begrenzt ein Zaun das Gelände, und letztlich ist noch jeder zum Ziel gekommen.

Das lohnt sich auch, denn das besteht aus einem Mini-Aussichtsturm, von dem aus die erfolgreichen Pfadfinder das Geschehen im Labyrinth trefflich im Blick haben und über die Versuche derjenigen schmunzeln können, die ihren Weg noch nicht gefunden haben. Doch sollte man nicht zu früh lachen: Der Rückweg liegt noch vor einem. Und wer hat sich wirklich den gesamten Weg gemerkt?

Ist der jedoch einmal geschafft, können sich alle Besucher mit dem selbst gebackenen Kuchen oder den typisch Schleswig-Holsteinischen Mahlzeiten des Hauses belohnen, das auch schmucke Räumlichkeiten für Familienfeiern jeder Art bereithält. Außerdem gibt es eine hauseigene Minigolfanlage und einen schönen Spielplatz, dessen Highlight eine weit schwingende Schaukel in einem riesigen alten Baum ist.

Adresse Alte Dorfstraße 100, 24253 Probsteierhagen // **Anfahrt** B 502, rechts abbiegen auf Schönberger Landstraße, immer geradeaus bis Alte Dorfstraße, dann auf der rechten Seite // **Öffnungszeiten** Do–Di ab 11 Uhr // ab 3 Jahren

38_DAS JUWEL

Billard spielen und Regenbogenkuchen backen

Coole Kids, die einfach mal Kicker oder Billard spielen, sich mit anderen Jungs oder Mädels in den jeweiligen Gruppen zurückziehen und quatschen, sich im Garten und beim Backen ausprobieren oder ein bisschen chillen möchten, sind im Kieler Juwel genau richtig! Der Treff der DRK-Jugendarbeit im Kieler Stadtteil Wellsee liegt etwas versteckt hinter einer Häuserreihe, doch die Türen von Martina und ihrem Team stehen allen Kindern ab dem Grundschulalter offen. Gerne können sie auch ihre eigenen Ideen in Projekte und Aktionen einbringen.

An mehreren Nachmittagen in der Woche findet zunächst die Hausaufgabenhilfe statt, bei der die Schüler tatkräftige Unterstützung erhalten. Dann folgen mal kreative, mal sportliche Themennachmittage und offene Treffs, für die Jüngeren ab acht Jahren, für die Älteren ab zwölf Jahren. Das Wochenprogramm ist bunt gemischt und bietet für alle etwas: Auf die Kochgruppe folgt Wellness für die Mädels und Playstation für die Jungs, bevor die Gruppen gemeinsam grillen. Und mit ihren Sorgen und Problemen sind die Kids und Teenager ohnehin immer willkommen!

Der Spiel- und Sportplatz nebenan ist vor allem auf die Bedürfnisse von älteren Kindern und Jugendlichen ausgerichtet und in die Angebote des Kieler Juwels mit eingebunden. So sind Fußballfeld, Basketballkorb und Tischtennisplatte vorhanden, aber auch eine Skateanlage. Rollerblades können im Juwel ausgeliehen werden. Ein weiteres Highlight des Jugendtreffs sind die Ausflüge und Ferienfahrten, die auch schon mal bis nach Berlin gehen. Ein Juwel im wahrsten Sinne des Wortes!

Adresse Julius-Leber-Straße 36a, 24145 Kiel // **ÖPNV** Bus 900, 901, dann Bus 8, Haltestelle Julius-Leber-Straße // **Öffnungszeiten** vier Nachmittage die Woche, aktuelle Termine auf www.kieler-juwel.de // ab 8 Jahren

TIPP: Wer noch stärker sportlich unterwegs sein möchte, findet im FC Fortuna in Kiel-Wellsee zahlreiche Angebote für Kinder und Jugendliche.

39_KALIFORNIEN
Auf ins gelobte Land

»Kommt, Kinder, heute unternehmen wir mal einen Ausflug nach Kalifornien!« Wenn das die Eltern morgens am Frühstückstisch verkünden, gucken die Kinder erstmal komisch. Was, nach Kalifornien? Wie soll denn das gehen? Liegt das nicht in den USA?

Nein, gleich um die Ecke, neben Brasilien! Was sich merkwürdig anhört, ist tatsächlich so: Die beiden Orte findet man nicht beziehungsweise nicht nur am anderen Ende der Welt, sondern auch an der schleswig-holsteinischen Ostseeküste. Genauer gesagt im Kreis Plön bei Schönberg. Von Kiel aus ist das nur eine knappe halbe Stunde zu fahren und die führt durch eine wunderschöne Landschaft.

Und der Weg lohnt sich: Im Kalifornien des Nordens gibt es ausgedehnte, kinderfreundliche Sandstrände, süße Cafés, eine schöne Minigolfanlage und ganz viele Wassersportmöglichkeiten. Gleich neben der Bushaltestelle am Eingang des Ortes ist eine kleine Bahn für Boule angelegt; nahe der Buhne 22 können sich die Kids auf dem Strandspielplatz so richtig austoben.

Zu der Entstehung der beiden Namen erzählen sich die Einwohner der Orte eine lustige Geschichte: Alles begann, als einst ein Fischer nahe seiner Hütte eine angespülte Schiffsplanke fand, auf der einfach »California« geschrieben stand. Stolz stellte er diese als Türschild auf, was einen neidischen Nachbarn zur Nachahmung anregte: Flugs pinselte dieser »Brasilien« auf ein Brett, und aus den Siedlungen rund um die jeweiligen Hütten entwickelten sich die beiden maritimen Nachbarorte.

TIPP: Es existieren auch ein »Bali« und ein »Berlin« unweit von Kiel, die ebenfalls einen Besuch wert sind.

Adresse 24217 Schönberg // **ÖPNV** Bus 201 bis Bahnhof Schönberg

40_DER KASTANIEN-SAMMELPLATZ

Die beste Kastanien-Sammelstelle von Kiel

»Hier ist einfach nur ein Friedhof«, denkt mancher Besucher vielleicht, wenn er zum ersten Mal das Haupttor des Parkfriedhofs Eichhof an der Grenze zum Stadtteil Kronshagen durchschreitet. Doch bereits wenn er die erste Allee mit den riesigen alten Bäumen vor sich liegen sieht, merkt er, dass er sich nicht nur an der letzten Ruhestätte vieler (auch berühmter) Kieler Bürger befindet, sondern auch in einer wunderschönen, parkähnlichen Anlage. Hier wird nicht nur begraben, sondern auch spazieren gegangen, gejoggt, Fahr- und Laufrad gefahren und – gerade in den versteckteren Ecken – die blumengeschmückte Idylle genossen.

Außerdem ist der Parkfriedhof Eichhof die beste Sammelstelle für Kastanien und Bucheckern überhaupt! Die Kinder merken das sofort und legen einfach los. Insbesondere, wenn man den Hauptweg hinter dem Eingangstor hinter sich lässt und links den kleiner und verzweigter werdenden Seitenwegen folgt, stößt man auf imponierende Kastanienbäume, die schon Jahrzehnte an der gleichen Stelle stehen. Großzügig lassen sie ihre Früchte im Herbst auf Erde und Hecken prasseln, vor allem, wenn nachts zuvor der Nordwind mehr als sonst geweht hat. Der beste Zeitpunkt zum Sammeln ist früh am Morgen, dann ist noch niemand dort gewesen – und gerade mit kleinen Kindern stehen Eltern ja oft früher auf, als eigentlich geplant. Mit Glück huscht noch ein Eichhörnchen oder einer der Hasen, die hier leben, vorbei und macht das Kinderglück perfekt!

Adresse Eichhofstraße, 24116 Kiel // **ÖPNV** Bus 71, 72, Haltestelle Eichhof/Eichhofstraße // **Öffnungszeiten** 8 Uhr bis Einbruch der Dunkelheit

TIPP: In der Nähe des hinteren, östlichen Ausgangs des Parkfriedhofs Eichhof liegt eine Eisdiele (Kopperpahler Allee nach links folgen, dann Meddagskamp 2A, 24119 Kronshagen). Und ein Eis schmeckt auch im Herbst noch gut!

41_ DIE KERZEN-SCHEUNE

Kerzen ziehen wie in Dänemark

Schließen Sie doch einmal die Augen und stellen Sie sich vor: Draußen pladdert der Regen nieder, drinnen herrscht Gemütlichkeit. Die alte Scheune riecht nach warmem Wachs, von den Wänden leuchten die bereits fertigen Kerzen, die Kinder tuscheln und kichern, während sie von Fass zu Fass laufen. Sie atmen tief aus und wieder ein und trinken noch einen Kaffee – das ist echte ==dänische Hygge== ganz nahe bei Kiel!

Denn in der Krummbeker Kerzenscheune können Kinder und Eltern zusammen nach dänischem Vorbild ==eigene Kerzen== ziehen. Das ist kreativ und macht unglaublich viel Spaß! Wer weiß, wie's geht, kann gleich loslegen, alles Nötige ist vorhanden. Anfänger bekommen eine kurze Einweisung. Die Technik ist ganz einfach, und der Prozess des stetigen Eintauchens der Dochte in das duftende Wachs wirkt äußerst entspannend, fast schon meditativ. Insgesamt stehen ==24 verschiedene Farben== zur Verfügung, sodass dem kreativen Gestaltungswillen kaum Grenzen gesetzt sind.

Gerade größere Kinder bekommen das auch alleine hin, kleinere nach kurzer Zeit ebenfalls mit ein wenig Unterstützung. Für sie gibt es Hocker, damit sie in der richtigen Höhe an die vielen Wachsfässer heranreichen. Praktisch, unkompliziert und kinderfreundlich geht es hier zu – auch das erinnert an Dänemark. Die handgefertigten Erzeugnisse, die dabei entstehen, können natürlich mitgenommen und als persönliches Geschenk Großeltern und Co überreicht werden oder zu Hause den Essenstisch schmücken.

> **TIPP:** Kerzen ziehen kann ganz schön hungrig machen. Gleich nebenan duftet es lecker bei Domino's Pizza!

Adresse Parkstraße 4, 24217 Krummbek //
Anfahrt B 502, Schönberger Landstraße, Alte Dorfstraße, K38 bis Parkstraße in Krummbek nehmen, Parkplatz hinter der Scheune //
Öffnungszeiten Mo–So Juli–Dez. 10–18 Uhr, Jan.–Juni ab 11 Uhr // ab 3 Jahren

42_DER KIDS CLUB

Bauen, werkeln, sägen

Wer hätte gedacht, dass man im Baumarkt nicht nur die Materialien fürs Hämmern, Werkeln, Sägen und Malen einkaufen, sondern an Ort und Stelle auch spielerisch ausprobieren und tolle Bastelerfolge feiern kann? Das ist an jedem ersten Samstag im Monat möglich – denn dann ist Kids Club im Bauhaus Schwentinental. Unter liebevoller Aufsicht und fachkundiger Anleitung finden für Kinder ab vier Jahren ein- bis anderthalbstündige Workshops statt, jedes Mal zu einem anderen, oft jahreszeitlich aktuellen Thema.

So basteln die Kids im Herbst eine Vogelscheuche, Richtung Weihnachten gestalten sie eine Kerze, und im Frühjahr zimmern sie ein Vogelhäuschen zusammen. Aber auch die Kuscheltiere sind mal zum Stopfen dran, ebenso wie die Traumfänger fürs bessere Schlafen und die Schatztruhen für wilde Piraten. Materialien stehen kostenlos zur Verfügung und werden je nach Fähigkeiten der Kinder flexibel eingesetzt. Ebenso liegen Schürzen parat, und sogar ein kleiner Snack ist Teil des tollen Angebots.

Eltern größerer Kinder vertreiben sich derweil die Zeit beim Einkaufen im Baumarkt oder dem Bummel durch die Pflanzenausstellung. Bei kleineren Kindern ist manchmal ein wenig Unterstützung hilfreich; außerdem lernen Mami und Papi basteltechnisch auf diese Weise auch etwas dazu und kommen mit anderen Eltern ins Gespräch. Und wenn die ganze Familie anschließend stolz mit den eigenen Werken nach Hause geht, ist der Baumarkt-Besuch zu etwas ganz Besonderem geworden!

TIPP: Eine tolle Abkühlung in der warmen Jahreszeit: Das Freibad Schwentinental liegt nur wenige Minuten Fahrt entfernt.

Adresse Klausdorfer Straße 28–32, 24223 Schwentinental // **Anfahrt** B 76, Ausfahrt Richtung Klausdorfer Straße, erst links, dann rechts abbiegen // **Öffnungszeiten** Kids Club: jeden 1. Sa im Monat, mit Anmeldung // ab 4 Jahren

43_ DAS KINDER-ABENTEUERLAND

Draußen und de luxe

Abenteuer gehören zur Kindheit dazu, und auf diesem Spielplatz der Extraklasse können mutige Kids sie erleben: als wilder Pirat das große Segelschiff entern, als Indianerfrau um den Marterpfahl tanzen, als tapferer Ritter über die Hängebrücke klettern, als Astronautin die steile Tunnelrutsche hinuntersausen und anschließend mit all den anderen Abenteuerfreunden und -freundinnen auf dem Seilfloß auf große Fahrt gehen.

Zum Kinderabenteuerland Wendtorf fahren die Kieler nur selten, weil es etwas »ab vom Schuss« liegt. Doch der Weg lohnt sich: zum einen, weil es so viele Möglichkeiten gibt, beim Spielen seine Phantasie auszutoben und seine Kräfte zu erproben. Zum anderen, weil hierher auch die stillen Beobachter kommen und einzigartige Naturerfahrungen machen. Hinter all den Spiellandschaften quaken kleine Frösche im Teich, Schmetterlinge sammeln sich an den blühenden Sträuchern, und von der Naturbeobachtungsplattform hört man abseits des Getümmels die heimischen Singvögel. Sehr beliebt ist auch die Kinderspiellagune aka Matschlandschaft, in der sich Naturfreunde und wilde Abenteurer begegnen und gemeinsam auf Entdeckertour gehen. Ältere Kids sausen auf der auf einem eigenen Areal installierten Skateranlage herum. Auf den Grillplätzen stärken sich alle zusammen mit Würstchen, Kartoffelsalat und Baguette, die der nebenstehende Supermarkt anbietet. Denn Abenteuer machen bekanntlich hungrig!

Adresse Kinderabenteuerland, 24235 Wendtorf // Anfahrt B 502 bis K 44 in Lutterbek folgen, dann links und den Schildern nach Stein/Wendtorf folgen, der Abenteuerspielplatz befindet sich auf der rechten Seite // Öffnungszeiten jederzeit

44_DIE KLAPPBRÜCKE

Brücke auf – Brücke zu

Das gibt es sonst nirgends: Die Brücke über die Hörn, das letzte schmale Ende der Kieler Förde, ist die einzige Dreifeldzug-Klappbrücke der Welt! Nach einer langen Bauphase 1997 endlich fertiggestellt, verbindet sie nahe dem Hauptbahnhof das Kieler Ost- und Westufer. Nur Fußgänger und Fahrradfahrer dürfen sie passieren. Ihre Hochzeiten erlebt sie während der Kieler Woche bei den Festivitäten rund um die Hörn.

Vor allem aber ist sie für Kinder faszinierend: Wenn plötzlich das rote Licht leuchtet, ein Tuten ertönt, die Schranken hinuntergehen und die Brücke nach oben, ist das spannender als jeder Feuerwehreinsatz. Außerdem noch die unterschiedlichen Schiffe und Fähren, die vorbeigleiten, um in Richtung Außenförde zu fahren – da gibt es ordentlich was zu gucken.

Übrigens lohnt ein Besuch auch, wenn das weltweit einmalige Brückenkonstrukt geschlossen ist: Dann kann man genau in der Mitte stehen, ganz weit auf die Kieler Förde hinausschauen und sich auf Weltreise auf einen der großen Pötte oder Kreuzfahrer träumen. Und natürlich Wetten darüber abschließen, ob und welches Schiff demnächst die Brücke zum Öffnen bewegen wird! Psst, nicht weitersagen: Die regulären Zeiten sind im Netz einsehbar, das ist auch für die Planung des Ausflugs ganz nützlich.

TIPP: Wenn sich die Brücke öffnet, dann gleich für 15 Minuten. Die Wartezeit lässt sich lecker überbrücken: Mit einem Eisbecher aus dem Eiscafé Toscanini (Am Germaniahafen 2) auf der Ostufer-Seite.

Adresse Hörnbrücke, 24103 Kiel //
ÖPNV Haltestelle Hauptbahnhof, hierher fahren fast alle Buslinien //
Öffnungszeiten immer möglich, Durchfahrtszeiten: www.kiel.de/de/politik_verwaltung/service/_leistung.php?id=9975542

45_DIE KLEE BABYBÖRSE

Tolle Kinderkleidung und ein guter Zweck

Ein neues Jäckchen, einen größeren Strampler, ein süßes Kleid – wer Kinder hat, braucht ständig neue Kleidung. Die Lütten wachsen ja auch ohne Ende! Ganz zu schweigen von den vielen Schuhen, der Matsch- und Schnee-Ausstattung und natürlich Büchern und Spielzeug. Ein guter, praktischer und sogar vergnüglicher Weg, solche Dinge zu erwerben, ist der Besuch einer Baby- und Kinderbörse oder eines Babyflohmarkts.

Eine ganz besondere Börse findet zweimal im Jahr in Dänischenhagen statt. Die KLEE Baby- und Kinderbörse ist so groß, dass sie das Autohaus Rehder mühelos füllt, entsprechend breit ist die Auswahl. Die Chancen stehen hervorragend, hier tolle Schnäppchen und besondere Stücke zu ergattern. Ein umfassendes Rahmenprogramm mit Kinderschminken, Tombola und Streichelzoo bietet Spaß für die ganze Familie sowie Kaffee und Kuchen für alle hungrigen Shopper.

Außerdem wird diese Börse für den guten Zweck initiiert! Der Löwenanteil der Verkaufsprovision kommt nämlich selbst wieder Kindern beziehungsweise Familien mit Kindern in Not zugute. KLEE steht für »Kinder lebensbedrohlich erkrankter Eltern«, dabei handelt es sich um ein Projekt der Hospiz-Initiative Kiel e.V., das Betroffenen mit kostenfreien Informations- und Unterstützungsangeboten zur Seite steht und sich fast ausschließlich über Spendeneinnahmen finanziert. Da kann man mit gutem Gewissen einkaufen – auch gerne mal ein niedliches Kleid oder ein flottes Spielauto mehr!

Adresse Teichkoppel 8, 24229 Dänischenhagen // **ÖPNV** Bus 900, 902 S, Haltestelle Lehmkaten oder Freesenberg // **Öffnungszeiten** zweimal im Jahr, Schwangere mit Begleitperson dürfen vor der allgemeinen Öffnungszeit hinein

46_ DER KLETTERBAUM

Kletter, Fritzchen, kletter!

Der Fritz-Lauritzen-Park, wie er richtig heißt, ist ein netter kleiner Park im Kieler Stadtteil Elmschenhagen. Schön grün, nicht zu groß und eigentlich nichts Besonderes. Das gilt auch für den Spielplatz am nördlichen Ende, der zwar einige robuste Spielgeräte aufweist, bei dem jedoch kein Spielplatz-erfahrenes Kind in Jubel ausbrechen würde. Beim Anblick des tollen Kletterbaumes hingegen schon!

Sein Stamm und seine Äste sind verknotet; er streckt sie in alle Himmelsrichtungen aus. Obwohl die unteren dicken Äste schön niedrig sind und einen einfachen Einstieg bieten, gilt es, manch krumme Stelle zu überwinden, wenn man strax hinaufsteigen möchte. Dafür macht er einen stabilen und duldsamen Eindruck, und das ist immer gut, wenn es um Kinder geht.

Offiziell ist dieser wunderschöne alte Baum natürlich nicht fürs Klettern oder sonstige Kinder-Aktivitäten freigegeben, denn er ist weder ein geprüftes Spielgerät, noch hat ihn jemals eine Behörde mit Brief und Siegel ausgezeichnet. Doch Kinder aller Altersstufen lieben ihn, ziehen sich mit aller Kraft am Stamm hoch, sitzen auf seinen Ästen und werfen begehrliche Blicke in den grünen Wipfel. Denn welches Kind möchte nicht einmal hoch hinaus?

Und hat nicht Astrid Lindgren, die berühmte schwedische Kinderbuchautorin und vehemente Baumfreundin, bereits 1974 gesagt: »Es gibt kein Verbot für alte Weiber, auf Bäume zu klettern«? Na also, dann gilt das umso mehr für Kinder!

TIPP: Am nahe gelegenen Bebelplatz befindet sich ein Supermarkt; dort kann man sich mit Picknick-Proviant versorgen, bevor man Spielplatz samt Kletterbaum erobert.

47_DER LANDTAG
Offen für Politik

Politik ist etwas, das von Beteiligung lebt, Politik kann Kinder und Jugendliche interessieren – und Politik kann ihnen sogar Spaß machen! Dafür müssen sie aber wissen, wie es bei politischen Debatten tatsächlich zugeht, welche Themen auf der Tagesordnung stehen und was ein Abgeordneter im Alltag tut. Live miterleben können sie dies bei den Debatten des Schleswig-Holsteinischen Landtags oder einem Besuch im Landeshaus. Das steht so schon seit 1888 an der Kieler Förde und hat wechselhafte Zeiten hinter sich.

Die eigenen Kinder und Jugendlichen sollen nicht zur Generation »Mir-doch-egal« gehören? Dann nichts wie los in das geschichtsträchtige Landeshaus mit Blick aufs Wasser! Es werden mehrere Möglichkeiten angeboten, den Landtag in Kiel zu besuchen; dies ist sowohl als Einzelperson als auch in der organisierten Gruppe und natürlich als Familie machbar.

So können sich Interessierte beispielsweise einer Führung anschließen, sich als Gruppe anmelden, um sich zusammen mit anderen über bestimmte Themen zu informieren, oder eine Plenardebatte von der Besuchertribüne aus verfolgen. Für Familien eignen sich besonders der »offene Besucherabend«, aber auch ausgewählte Termine »op Platt« und natürlich der »Tag der offenen Tür«. Das alles sind gute Optionen, der Politikverdrossenheit der jungen Generation entgegenzuwirken und eine eigene Meinungsbildung zu aktuellen Themen zu fördern. Trotz der guten Zugänglichkeit des Landeshauses für Besucher sollten die Eltern jedoch eines nicht vergessen: Den Perso oder amtlichen Lichtbildausweis, denn ein bisschen Sicherheit muss sein.

Adresse Düsternbrooker Weg 70, 24105 Kiel // ÖPNV Bus 41, 43, Haltestelle Reventloubrücke // Öffnungszeiten mit Anmeldung, frei zum »Tag der offenen Tür«; amtlichen Lichtbildausweis mitbringen! // ab 6 Jahren

48_DIE LÆSØ RENDE

Das Feuerschiff, das kein Feuerwehrschiff ist

Alle Kinder lieben die Feuerwehr! Sie kennen Feuerwehrmänner, vielleicht auch Feuerwehrfrauen und auf jeden Fall Feuerwehrautos. Doch kaum ein Kind weiß, was ein Feuerschiff ist. Denn das ist etwas ganz Besonderes: ein Schiff, das ein Leuchtfeuer ersetzt, weil es an einer bestimmten Position vor Anker liegt und wie ein kleiner Leuchtturm anderen Schiffen den Weg weist. Dieses Schiff löscht also kein Feuer, es produziert welches, und zwar in Form von Licht! Deshalb fehlt ihm auch die »Wehr« im Namen.

Eins dieser seltenen Feuerschiffe ist die ursprünglich dänische Læsø Rende, die am 4. Januar 1887 in Kopenhagen vom Stapel lief. Aus wertvollem Eichenholz gebaut, trat sie als Fyrskib No XV (Feuerschiff Nummer 15) ihren ersten Dienst an. Allerdings komplett ohne Motor; sie muss sich ja nicht von der Stelle bewegen. Bis 1971 war die Læsø Rende im Kattegat zwischen Jütland und der Insel Læsø anzutreffen – und des Öfteren in der Werft. Denn so ein Leben als Feuerschiff ist gefährlicher, als man denkt: Nicht nur dass es Wind, Wetter und sogar Eisschollen ausgesetzt war, es wurde auch gerammt. Nach der Außerdienststellung erwarb der Heikendorfer Yachtclub HYC das Feuerschiff, das seitdem aufwendig renoviert im Möltenorter Hafen liegt und als schwimmendes Vereinsheim fungiert. Den Besuchern leuchtet die Læsø Rende in ihrer rot-weißen Farbenpracht selbst durch den dicksten Küstennebel entgegen. Bei ausgewählten Veranstaltungen kommt man in den Genuss einer Besichtigung des Innenlebens. Dann fühlen sich die Kids auf einmal selbst wie ein Leuchtturmwächter – nur eben auf einem Schiff.

> TIPP: Bei einem Bummel durch den Hafen die original Fischkutter ansehen und ein Fischbrötchen genießen.

Adresse Hafen Möltenort, 24226 Heikendorf // **ÖPNV** Bus 119, Haltestelle Heikendorf Möltenort Hafen // **Anfahrt** B 502, Abfahrt Heikendorf-Süd, an der Ampel rechts, Straßenverlauf folgen, bei Tankstelle links in Möltenorter Weg abbiegen, bei der Reetdachkate liegt links der Hafen, etwas dahinter rechts ein Parkplatz // **Öffnungszeiten** von innen: bei Veranstaltungen und nach Vereinbarung, Infos auf www.feuerschiff.org

49_DIE MANGA-LESEECKE

Mangas & mehr

Von außen sieht sie klein und unscheinbar aus – aber innendrin ist sie eine wahre Bücherschatzkiste: die Stadtteilbücherei Elmschenhagen am Bebelplatz. Hier gibt es nicht nur eine kuschelige Lese-Ecke und schöne Bilderbücher für die Lütten, spannendes Lesefutter für Schulkinder sowie unterhaltsamen und hochwertigen Lesestoff für die Eltern, sondern auch ein richtig cooles Spezialgebiet für Jugendliche: Mangas!

In dem eigens dafür vorgesehenen Bereich der Bibliothek steht ein bisschen abgeschirmt vom Rest des Geschehens eine große Auswahl an Manga-Büchern und -Heften, die kontinuierlich um aktuelle Neuerscheinungen erweitert wird. Passend dazu können die Jugendlichen an den Wänden Manga-Plakate und das großflächige, japanisch inspirierte Kunstwerk der Illustratorin Sandra Jenchen bewundern, während sie es sich mit den Comics aus Fernost auf dem Sofa oder dem Sitzsack gemütlich machen. Natürlich dürfen alle Medien gerne ausgeliehen werden!

Wenn wieder neue Manga-Literatur eingetroffen ist, stürmen die Jugendlichen aus Kiel und Umgebung geradezu die Bibliothek, so können sie sich an diesem Szenetreff auch gut mit Gleichgesinnten austauschen. Sie erscheinen dann gerne mal entsprechend gestylt, vor allem bei Veranstaltungen wie dem jährlich stattfindenden Manga-Day mit vielen Mitmach-Aktionen. Mata ne – bis bald in Elmschenhagen!

TIPP: Schräg gegenüber der Stadtteilbibliothek, im Anschluss an den Durchgang zwischen der Post und dem Sky-Markt, liegen ein kleiner Spiel- und ein größerer Ballplatz. Ideal fürs Austoben nach der Lesestunde!

Adresse Bebelplatz 1, 24146 Kiel // **ÖPNV** Bus 9, 32, Haltestelle Wiener Allee // **Öffnungszeiten** Mo, Fr 15–19 Uhr, Di, Do 10–12 und 14–17 Uhr // ab 10 Jahren

50_ DAS MASCHINEN-MUSEUM

Historische Technik in Betrieb

Die Dampfmaschine zischt, der Stößel des U-Boot-Diesels geht auf und ab, und die Bohrmaschine wird mit Muskelkraft betrieben: In den Räumen des Maschinenmuseums Kiel ist was los! Besonders an den Aktionstagen, jeden dritten Sonntag im Monat, können große und kleine Maschinen-Fans in längst vergangene Arbeitswelten eintauchen. Doch auch diejenigen, die glauben, mit Technik nichts am Hut zu haben, erfahren hier das Gegenteil, denn das Ausprobieren von Lokomobile und Co bietet manche Überraschung.

Fast alle Exponate können die Besucher hier in Aktion erleben; das macht die technischen Wunderwerke vergangener Zeiten im wahrsten Sinne des Wortes begreifbar. Teilweise ist auch historisches Blechspielzeug zu sehen, und an Aktionstagen oft eine Modelleisenbahn. Unter der fachkundigen Anleitung des Werkstattmeisters montieren die Kids dann ganze Bausätze oder versuchen sich an der Mini-Drechselbank.

Die unter Denkmalschutz stehenden Räumlichkeiten des ehemaligen Kieler Gaswerks vermitteln eine zu den Maschinen passende Atmosphäre. Dazu tragen auch die Lage im Maritimen Viertel Kiels und die unmittelbare Nähe zum Nord-Ostsee-Kanal bei. Auf dem tuckern übrigens die großen Pötte entlang, in deren Bäuchen eben solche Motoren installiert sind, wie in den Ausstellungsräumen gezeigt. Im Café Schraube ist an Aktionstagen für das leibliche Wohl gesorgt, bei besonderen Festen findet auch ein Flohmarkt statt. Der Eintritt ist frei, eine Spende wird erbeten.

Adresse Am Kiel-Kanal 44, 24106 Kiel // **ÖPNV** Bus 91, 501, 502, 900, 901, Haltestelle Schleusenstraße // **Öffnungszeiten** Besichtigung: Mo–Fr 10–16 Uhr; Betrieb: jeden 3. So im Monat 11–17 Uhr // ab 3 Jahren

TIPP: Folgen Spaziergänger dem Pfad hinter dem Maschinenmuseum Richtung Kieler Förde, gelangen sie zum sogenannten »Wiker Balkon«, von dem aus man den Nord-Ostsee-Kanal und die Schleusenanlagen im Blick hat.

51_ DER MEDIENDOM

In bunte Welten abtauchen

Kino ist etwas Tolles, keine Frage. Doch eine Show im Mediendom der Fachhochschule Kiel ist noch mal ein ganz anderes Erlebnis! Und diejenigen, die denken, das sei nur etwas für Erwachsene, haben sich schlichtweg geirrt. Schon beim Betreten des Kuppelbaus werden die Kinderaugen ganz groß, denn hier wird der ganze Raum zur Projektionsfläche. Und wenn sich die Kids in die speziellen, weit zurückklappbaren Sessel sinken lassen und der Blick nach oben in die 360-Grad-Kuppel wandert, ist klar, dass gleich etwas ganz Besonderes beginnt.

Denn im Mediendom werden keine gewöhnlichen Kinofilme gezeigt, sondern eigens konzipierte Shows, für die die Initiatoren schon mal internationale Partner wie die europäische Raumfahrtbehörde ESA ins Boot holen. Sie nehmen die Besucher mit auf eine Reise in ferne Galaxien, in Zukunft, Vergangenheit und zu unbekannten Orten. Die Betrachter haben das Gefühl, mitten im Geschehen zu sitzen, auch dank der eigens entwickelten Musik- und Geräuschkulisse für jeden Film.

Mithilfe der variabel einsetzbaren Projektionstechnik werden Kindergeschichten ganz neu und in eindrucksvollen Bildern erzählt. Das beginnt bei den behutsam adaptierten Büchern vom Regenbogenfisch für kleine Kinder, geht weiter über spannende Flugreisen mit Dinosauriern für Schulkinder und reicht bis hin zu rasanten 3-D-Produktionen für Jugendliche. Allen gemein ist die Faszination für mitreißende und immer auch ein bisschen lehrreiche Abenteuer, in die Groß und Klein vollständig eintauchen und ihnen einen unvergesslichen Nachmittag bescheren.

Adresse Sokratesplatz 6, 24149 Kiel // ÖPNV Bus 11, Haltestelle Fachhochschule // Öffnungszeiten aktuelles Programm auf www.fh-kiel.de // ab 4 Jahren

52_ DER MINIGOLF-PLATZ

Mit Meerblick spielen

Ob der weiße oder der gelbe Ball über die Bahn flitzt, ist beim Minigolf mit Kindern nicht so wichtig. Wichtig ist, dass es allen Beteiligten Freude bereitet und dass sich auch die kleinen Gäste auf der Anlage wohlfühlen! Wenn es dann noch Schläger in abgestuften Größen gibt, mit denen auch Kids super einlochen können, und nach dem Minigolf der Spielplatz auf sie wartet, ist man genau richtig.

Bei »Minigolf und Mee(h)r« wird auf die Bedürfnisse der ganzen Familie eingegangen, und Kinder sind ausdrücklich willkommen. Die 18-Loch-Anlage ist herausfordernd genug, sodass niemandem langweilig wird, zumindest auf einigen Bahnen jedoch so leicht, dass auch für die Lütten Erfolgserlebnisse drin sind. Und die Profis können ja mal versuchen, die Wippe oder das Netz auf einen Schlag zu schaffen!

Der hauseigene Spielplatz hält weitere Abenteuer parat und wird regelmäßig gewartet und renoviert. Dort erklimmen die Kinder die große Spielburg, entern den Fischkutter, fahren mit den Bobbycars um die Wette oder versuchen sich auf dem Mini-Klettersteg. Austoben ist auf jeden Fall garantiert!

Die Eltern haben indessen Zeit zum Entspannen und können den Meerblick genießen; denn Strand und Förde sind nur 200 Meter entfernt. Vor dem Aufbruch feiern jedoch alle ersten, zweiten und dritten Sieger noch mit einem leckeren Eis!

Adresse Falckensteiner Strand 69, 24159 Kiel-Friedrichsort // **Anfahrt** B 76 und B 503 bis Fördestraße folgen, ab dort Koppelberg und Falckenhorst folgen, auf dem vorgelagerten Parkplatz parken // **Öffnungszeiten** täglich Sommer 11–22 Uhr, Winter 13–20 Uhr // ab 3 Jahren

53_ DAS MUSEUM TUCH + TECHNIK

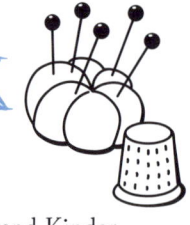

Spinner, Weber, Tuchmacher

Kleidung, die kommt doch aus dem Laden, oder? Während Kinder und Jugendliche noch vor 100 Jahren die Herstellung ihrer Röcke und Hosen hautnah mitbekamen und teils selbst bei der Produktion mithelfen mussten, weiß der heutige Nachwuchs fast nichts darüber. Da fliegt so ein Shirt bei Nichtgefallen schon mal achtlos in die Ecke!

Das ändert sich jedoch nach einem Besuch im Museum Tuch + Technik in Neumünster, das die Kieler in lockeren 30 Fahrminuten erreichen. Dort gibt es nicht nur eine eigene Kinder-Audio-Führung, sondern auch knallgrün gekennzeichnete Mitmach-Stationen, an denen Kinder und Eltern selbst Hand anlegen können. Wolle kratzen, weben, sich verkleiden: Hier gehört das Erproben und Experimentieren dazu, und man erfährt am eigenen Leib, wie viele kleine Schritte nötig sind, bis so ein Kleidungsstück tatsächlich fertig ist.

Zwei niedliche Figuren, Tina Tuchmacher und Willi Weber, begleiten die Kids durch das Museum. Kostenfrei erhalten Besucher an der Kasse die Museumsrallye für Kinder von sieben bis 15 Jahren oder einen Museumsführer in Form eines Bilderbuchs für kleinere Kinder. Ganz handfest kann sich zudem die ganze Familie mit einem Rucksack auseinandersetzen, der voll ungewöhnlicher Materialien, Suchaufgaben und Spiele ist und die gemeinsame Reise quer durch dieses anschauliche Museum noch spannender macht.

Adresse Kleinflecken 1, 24534 Neumünster // Anfahrt A 215 und A7 bis Ausfahrt Neumünster Nord, rechts abbiegen auf L 328, Rendsburger Straße folgen, rechts auf Friedrichstraße, links auf Färberstraße abbiegen, Bahnhofstraße und Schleusberg bis Kleinflecken folgen // Öffnungszeiten Di–Fr 9–17 Uhr, Sa, So 10–17 Uhr // ab 3 Jahren

TIPP: Jetzt shoppen gehen in den üblichen Discounter-Läden? Lieber nicht, stattdessen bietet sich auf der Rückfahrt nach Kiel ein Besuch im Tierpark Arche Warder an, wo auch alte Haustierrassen gehalten werden. Dort können Kinder beispielsweise bei der Schafschur erleben, wo die Wolle für den warmen Wintermantel herkommt.

54_DIE MUSEUMSBAHN

Blumen pflücken während der Fahrt verboten

Sich während der Fahrt mal eben eine Kornblume am Wegesrand abzupflücken und ins Knopfloch zu stecken – das war vor einigen Jahrzehnten noch möglich, wenn auch nicht erlaubt, wie das Schild in der historischen Eisenbahn verkündet, die gemütlich durch Felder und Wiesen tuckert. Auch heute sollte man das lieber lassen, einfach weil es so viel zu sehen gibt, während es rattert und ruckelt, die Lok pfeift und in Original-Uniformen gekleidete Schaffner freundlich die Tickets aller Mitreisenden kontrollieren.

Dieses urige Erlebnis ist auch heute noch möglich, dank der Museumsbahnen Schönberger Strand und der vielen aktiven Mitglieder des dazugehörigen Vereins VVM, die sich mit Herzblut und Leidenschaft der Pflege und dem Betrieb der aus anderen Zeiten stammenden Eisenbahnen verschrieben haben. Dabei werden historische Dampfloks sowie Diesellok und ein vielfältiger Wagenpark eingesetzt, aus dem manches Stück bereits über 100 Jahre alt ist. Die Fahrten in der »Holzklasse« auf der Strecke Schönberger Strand–Schönberg oder die diversen Sonderfahrten, die zu Feiertagen und speziellen Ereignissen angeboten werden, sind ein besonderes Familien-Erlebnis, das allen, vom Kleinkind bis zum Urgroßvater, lange in Erinnerung bleiben wird.

Dazu gehören natürlich auch die heiße Wurst, die Waffeln und die Limonade, die im Zug angeboten werden, sowie ein Spaziergang über das Gelände des Museumsbahnhofs Schönberger Strand, auf dem es noch viel mehr mit Liebe zum Detail restaurierte Gegenstände und technische Vorrichtungen zu entdecken gibt.

TIPP: Gleich noch eine Runde drehen! Und zwar mit der alten Straßenbahn, die auf dem selben Gelände für Fahrten zur Verfügung steht. Beliebteste Haltestelle: Spielplatz.

Adresse Am Schierbek 1, 24217 Schönberg // **Anfahrt** B 502 bis Strandstraße in Schönberg folgen, am Kreisverkehr die 3. Ausfahrt nehmen, dann liegt der Museumsbahnhof rechter Hand // **Öffnungszeiten** Fahrten: in der Saison am Wochenende und zu Sonderterminen, Fahrplan auf www.vvm-museumsbahn.de

55_DAS MUSICULUM
Musikalisch experimentieren

Die verschiedenen Blockflöten ausprobieren, auf die Djembe hauen, der Meerestrommel lauschen und vielleicht sogar der Klarinette ein paar Töne entlocken? Experimentieren wird im musiculum großgeschrieben, und das aus gutem Grund. Denn Musizieren hat mit Sinnesfreude zu tun, und Kinder müssen ja erstmal den Klang eines Horns hören, das Vibrieren der Pauken fühlen und den metallischen Geschmack eines Trompetenmundstücks mögen, bevor sie sich für ein Instrument oder gar mehrere entscheiden.

Deshalb werden in dieser musikalischen Lern- und Experimentierwerkstatt für Kinder und Jugendliche ganz unterschiedliche Kurse und Erfahrungsmöglichkeiten angeboten. Das reicht vom Ausprobieren von Saiten-, Schall-, Schlag- und Blasinstrumenten über das Schreiben von Liedtexten und das Malen zur Musik bis hin zu Workshops zu Break Dance und zur Beat-Produktion. Mehr als 400 Musikinstrumente, ein Sinnesraum, ein Tonstudio, große Akustik-Ausstellungs- und Ausprobierstücke, mehrere Experimentierräume und ein Saal mit Bühne laden Kinder ab dem Vor- und Grundschulalter dazu ein, ihre eigene Musikalität zu entwickeln. Eine gute Möglichkeit, ins musiculum einmal hineinzuschnuppern, sind die Sonntagsöffnungen. Bei den thematisch jeweils auf eine Instrumentengruppe fokussierten Terminen können Kinder spielerisch in die Welt der Musik eintauchen. Dazu gehört auch, unbekannten Klängen nachzuspüren und nach dem Trommeln einen Moment der Stille zu genießen. Und zu entdecken, was einem selbst Spaß macht – denn das ist das Wichtigste daran!

Adresse Stephan-Heinzel-Straße 9, 24103 Kiel // **ÖPNV** Bus 91, 101, Haltestelle Wilhelmplatz // **Öffnungszeiten** Sonntagsöffnung an ausgewählten Terminen 10–12 Uhr, mit Anmeldung // ab dem Vorschulalter, gegebenenfalls mit Begleitung der Eltern

56_ DER NATURGARTEN
Umweltverträglicher Naturgenuss

Was passiert, wenn man zwölf Kleingartenparzellen zusammenlegt, interessierte Familien um sich versammelt und sich überlegt, wie man auf den entstandenen 5.000 Quadratmetern Fläche umweltverträglich Blumen und Pflanzen anbauen kann? Ein wunderschöner Naturgarten entsteht, der wild wirkt, in dem aber alles seinen Platz hat.

So etwa 15 knorrige oder schlanke Apfelbäume, teils mit alten beziehungsweise seltenen Obstsorten. Eine große Kräuterspirale, bei der die Pflanzen voll erblühen und Samen für die Nachzucht gewonnen werden. Gemüsebeete, bei deren Anlage die Gärtner auf eine natürliche Fruchtfolge achten. Aber auch Wildflächen mit vermeintlichem »Unkraut«, zum Beispiel Brennnesseln und Giersch, aus denen geschickte Köche mit ein wenig Wissen nichtsdestoweniger etwas Schmackhaftes zubereiten können.

All dies können Kinder und Jugendliche im BUND-Garten im Meimersdorfer Moor erleben und bekommen dabei Kenntnisse im ökologischen Gärtnern vermittelt. Mit ihrer Familie oder in der Gruppe dürfen sie sich ausprobieren, im »Jungen Garten« selber Beete anlegen und ihre eigenen Ideen einbringen. Fürs Pflanzen, aber auch für gemütliche Rückzugsorte, Schaukel- und Kletterbäume und den gemeinsamen Feuerplatz. Natürlich auch bei der Pflege der Bienenstöcke und beim Füttern der Hühner. Diese brüten ihre Eier gerne mal aus und sind ebenso glücklich wie die Kinder, die regelmäßig hierherkommen. Denn so ein Garten ist Naturgenuss pur!

Adresse BUND Naturgärten, Meimersdorfer Moor, 24145 Kiel-Meimersdorf // **ÖPNV** Bus 41, 42, Haltestelle Karlsburg // **Öffnungszeiten** mit Anmeldung bei Heidrun Kusserow, Tel. 0431/75432 und 0157/38093705 // ab 4 Jahren

57_DAS NATURSCHUTZGEBIET

Ewige Weite und kein Mensch zu sehen

Da, wo gefühlt das Nirgendwo anfängt – da liegt das Paradies. Das Strandparadies, mit feinem Sand, jeder Menge Muscheln und super Bademöglichkeiten. Mit einem Horizont, der erst ganz weit hinten in der Ferne zu beginnen scheint, den man gerade noch so mit dem Blick erfassen kann und der alle Möglichkeiten offen lässt.

Andere Menschen? Die sucht der Betrachter zumeist vergebens, denn der Strand im Naturschutzgebiet Bottsand liegt so versteckt, dass hier kaum jemand herfindet. Und das ist eigentlich gut so, damit dieses Kleinod möglichst lange erhalten bleibt. Entsprechend rücksichtsvoll sollten sich kleine und große Naturfreunde verhalten und nur den ausgeschilderten Pfaden folgen sowie Tiere und Pflanzen möglichst in Ruhe lassen. Dazu müssen sie den Deich erst ein Stück entlangwandern, um dann zum Strand zu gelangen. Doch den kleinen Fußmarsch ist das beeindruckende Naturerlebnis auf jeden Fall wert.

Wer mehr über die einzigartige Küstenlandschaft mit der Tier- und Pflanzenwelt der seenahen Salzwiesen und dem Windwatt hinter dem Nehrungshaken wissen möchte, ist an der NABU-Naturstation am Bottsand zu Beginn des Deiches genau richtig. Der Besuch ist kostenlos; der NABU freut sich über eine Spende. Für Kinder gibt es hier spannende, interaktive Exponate zur eigenen Erkundung. Jeden ersten und dritten Samstag im Monat werden Vorträge mit anschließender Vogelbeobachtung angeboten.

> **TIPP:** Große und kleine Freunde alter Schiffe können in Wendtorf den Museumshafen besuchen, dort verkaufen Fischer in der Saison auch frischen Fisch vom Kutter.

Adresse Schleusenweg 25, 24235 Wendtorf // **Anfahrt** B 502, links abbiegen auf K44 Richtung Wendtorf, weiter auf Schleusenweg, parken am Campingplatz rechter Hand (gegen Gebühr) // **Öffnungszeiten** Naturstation: im Sommer an den Wochenenden 11–16 Uhr

58_DIE NAWIMENTA

Experimentieren und Rätsel lösen

Wie funktioniert das eigentlich mit der Schwerkraft? Warum verhalten sich die Gegenstände in Öl anders als in Wasser? Wieso rollt die Kugel auf der einen Bahn schneller als auf der anderen? In dem kleinen Gebäude der Nawimenta auf dem Gelände des Erlebnisspielplatzes Schönberg können Kinder all diesen Fragen und Rätseln selbstständig nachgehen.

In unterschiedlichen naturwissenschaftlichen Experimenten zu Tragkraft, Konsistenz, Geschwindigkeit und optischen Phänomenen kommen sie mit ihren Sinnen und dem Verstand spielerisch zu neuen Erkenntnissen und eigenen Antworten – denn das ist viel besser, als von vollgeschriebenen Tafeln nur die graue Theorie zu erfahren. Außerdem macht diese Mini-Phänomenta Lust auf die sogenannten MINT-Fächer, und das kann ja auch nicht schaden.

Genauso wenig, wie auf dem Abenteuerspielplatz um das Gebäude herum seine eigenen Kräfte zu erproben. Sei es an der herausfordernden Kletterwand, auf der Schwing-Schlange, dem Holzpferd mit Wagen hintendran, der Wasserstation mit Pumpe, den Indianerhütten oder dem Hangelgerüst: Alles ist so angelegt, dass die Kinder ausprobieren können, was in ihnen steckt, und dabei eine Menge Spielspaß erleben.

Übrigens auch die Eltern, denn mindestens ebenso verlockend wie der Kaffee, den man hier an Aktionstagen bekommt, ist es, dem eigenen Spiel- und Klettertrieb zu folgen.

> **TIPP:** Nach dem Spielen an den Strand! Die Seebrücke von Schönberg und ein netter Sandstrand sind nur etwa 15 Gehminuten entfernt.

59_DIE OBSTQUELLE
Alte Obstsorten ausprobieren

Na, wer weiß, was eine Ananasrenette ist? Oder eine Winterbanane? Die meisten würden wohl auf exotische Südfrüchte tippen – doch hinter diesen ausgefallenen Namen verbergen sich seltene Apfelsorten, die auch hier bei uns im Norden wachsen und jeweils ihr ganz eigenes Aussehen und ihren eigenen Geschmack haben.

So etwas hat wahrscheinlich kaum jemand im Garten. Stattdessen wachsen diese und noch viel mehr alte und außergewöhnliche Apfelsorten auf den Südosthängen des Schwentinentals, nebst Quitten, Birnen, Johannes-, Stachel- und Himbeeren. Seit drei Generationen bewirtschaftet die Familie Schuster den Obsthof der »Obstquelle«; die Liebe zum Apfel liegt somit quasi in der Familie.

Doch hier wird nicht nur angebaut und geerntet. Die Kieler können auch ihre eigenen Früchte mosten lassen und in dem rustikal eingerichteten Hofladen die ungewöhnlichen Obstsorten und Säfte erstehen, die der Obstquelle entspringen. Der Laden liegt etwas versteckt hinter der großen Bogenscheune. Mit einem Einkauf können sich Familien nahezu rundum versorgen, denn es werden weitere saisonale und regionale Produkte wie frisches Gemüse, herzhafter Ziegenkäse, Bio-Eier, Honig und Frau Schusters leckere, selbst gekochte Marmelade angeboten. Vor allem aber dürfen Kinder in der Obstquelle auch mal einen Apfelschnitz probieren. So gerät der Familienbesuch zur Mini-Verkostung, bei der die Lütten ihre Geschmacksknospen ganz neu entdecken. Und natürlich über die witzigen Namen der Früchte kichern – denn wie eine Banane mundet der milde Winterapfel nun wirklich nicht.

Adresse Rastorfer Mühle 3, 24223 Schwentinental // **ÖPNV** Regionalbahn Richtung Lübeck, Umstieg am Raisdorfer Bahnhof in Bus 2, 300, Haltestelle Raisdorf Fernsichtweg // **Öffnungszeiten** Mi–Fr 11–18 Uhr, Sa, So 10–17 Uhr

TIPP: Nach dem Einkauf auf einer Bank am Rande der Schwentine zu picknicken, verdoppelt das Genusserlebnis.

60_DER ORTSBUS

Durch den eigenen Stadtteil kreuzen

Auf diese Idee muss man erst einmal kommen. Denn normalerweise kennen die Bürger der Stadt Kiel ihre kleinen Ortsbusse, die die »großen« Linien der Kieler Verkehrsgesellschaft in den einzelnen Stadtteilen ergänzen und ihre Passagiere bis kurz vor die eigene Haustür befördern, eher als schnödes Transportmittel von A nach B.

Was für die Erwachsenen Alltag beziehungsweise Fahrt zur Arbeit, zum Einkaufen und zurück ist, bedeutet für fahrzeugverrückte Kleinkinder indes großen Fahrspaß! Warum also nicht mal in den Bus vor der eigenen Haustür einsteigen und den Stadtteil, in dem man wohnt, auf ganz neue Art und Weise erkunden? Das ist gerade für Kids, die sonst nicht viel Bus fahren, ein absolutes Highlight und für die Eltern eine sehr entspannte Art des Ausflugs. Schließlich steuert mal ein anderer, und die Route steht auch schon fest!

Aus dieser Perspektive entdecken Kinder und Eltern zusammen vielleicht auch Dinge in der eigenen Nachbarschaft, die sie bei einer anderen Gelegenheit näher kennenlernen möchten. Außerdem berechtigt der Erlös einer Einzelfahrkarte einen Erwachsenen zum kostenlosen Mitnehmen von bis zu drei Kindern bis einschließlich fünf Jahre, es handelt sich also insgesamt um eine sehr kostengünstige Unternehmung.

Schwierig wird es für Eltern und Kinder wohl nur, aus dem liebgewonnenen Verkehrsmittel wieder auszusteigen, weiß doch jedes Kind aus der Krabbelgruppe: »Und die Räder vom Bus drehn sich rundherum, rundherum – stundenlang.«

Adresse Startpunkt: alle Ortsbus-Haltestellen und -Linien, etwa Linie 8 in den Stadtteilen Elmschenhagen und Kroog

61_ DIE OSTUFER-SPIELPLATZTOUR

Mit dem Rad zum Spielplatz

Als Familie mit dem Rad unterwegs zu sein ist immer eine gute Idee, umso mehr, wenn der Nachwuchs hierbei neue und interessante Spielplätze kennenlernt! Denn das ist die Idee hinter der vielseitigen und sorgfältig ausgetüftelten Radtour: sportlich und ökologisch verträglich mit Kindern mobil sein und dabei mal einen anderen Spielplatz als den daheim um die Ecke zu entdecken. Und vielleicht noch ein paar weitere schöne Dinge wie tolle Freizeitangebote und Parkanlagen, denn das Ostufer ist in vielerlei Hinsicht grüner und attraktiver, als mancher Westuferbewohner so denken mag.

Je nach Route sind die radelnden Familien zehn bis 14,5 Kilometer unterwegs und kommen an 14 bis 16 Spiel- und Sportplätzen vorbei. Wem das zu viel ist, der darf auch gerne abkürzen oder nur ein Teilstück fahren. Größere Kinder können die Strecke gut selbst mit dem Rad bewältigen, kleinere kommen in den Kindersitz oder den Anhänger, denn auch dafür ist die Route geeignet. An zwei Steigungen können die Eltern bei Bedarf schieben und die Spielplätze zugleich fürs Picknick und Ausruhen nutzen. Auch ein Helm für alle Teilnehmer und genügend Getränke im Fahrradkorb sind sinnvoll.

Das Faltblatt für die Radtour, das von der Stadt Kiel herausgegeben wird, mit der gesamten Route und allen Spielplätzen sowie Parks, Aussichtspunkten und mehr erhalten Interessierte beim »Umsteiger« in Kiel oder im Netz.

TIPP: Sind die kleinen Beine müde, bietet sich die Rückfahrt mit der Fähre beziehungsweise der Schwentine-Linie ab dem Dietrichsdorfer Anleger an, das ist ein schönes Extra-Erlebnis!

Adresse Start und Ziel: Umsteiger & Radstation Kiel, Sophienblatt 29, 24114 Kiel, Strecke: www.kiel.de/de/kultur_freizeit/kiel_erkunden/radtouren/_flyer/radtour_6_spielplatztour.pdf // **ÖPNV** zahlreiche Buslinien, Haltestelle Hauptbahnhof

62_DIE PARADIES-HALLE

Bei Regenwetter in den Tierpark

Wie bitte, bei Regenwetter in den Tierpark? Ja klar, denn bei Sonnenschein gehen ja alle dorthin! Schifft es jedoch vom Himmel runter, wie wir Norddeutschen sagen, ist es im Tierpark Gettorf wunderbar leer, und Sie haben die Tiere größtenteils für sich allein. Und die wiederum freuen sich, dass endlich mal jemand vorbeischaut und ihnen Aufmerksamkeit zuteilwerden lässt – eine Win-win-Situation für alle Beteiligten.

Brrr, es ist aber nass und kalt? Dann sind alle Tierfreunde im Pferdestall, im Affenhaus, in der Tropen- und der Paradieshalle bestens aufgehoben. Denn hier ist es warm und trocken, und es gibt jede Menge zu entdecken.

Und zwar auch ungewöhnliche Tiere: Im Affenhaus des Tierparks Gettorf leben neben den Lemuren auch das Gürteltier »Greta« und eine Gruppe unheimlich blauer Pfeilgiftfrösche. In der Tropenhalle können die Kinder die eigenartigen Hornvögel mit dem merkwürdigen Schnabelaufsatz bewundern. Und in der Paradieshalle befindet sich außer den süßen Erdmännchen, den stolzen Victoria-Krontauben und den olfaktorisch hochbegabten Tapiren die Rettung aller dauermüden Eltern: ein Kaffeeautomat. Also setzen Sie sich auf eine Bank, genießen Sie die Wärme und Ihr Heißgetränk, während die Lütten die Tier- und Pflanzenwelt bewundern. Wenn dann noch die Fütterung der Erdmännchen ansteht, ist der Nachmittag perfekt, und alle kehren ausgetobt und zufrieden heim.

TIPP: Im Beratungs- und Gesundheitszentrum Gettorf gibt es interessante Angebote für Familien, Eltern-Kind-Kurse sowie einen Coworking-Space.

Adresse Süderstraße 33, 24214 Gettorf // **Anfahrt** B 76, Ausfahrt Richtung Gettorf Süd/Tüttendorf, Kieler Chaussee folgen, Kirchhofsallee bis Süderstraße in Gettorf nehmen // **Öffnungszeiten** täglich Sommer 10–18 Uhr, Winter 10–16 Uhr

63_DAS PAUSENBOOT

Pause machen und die Perspektive ändern

Das Leben ist manchmal ganz schön hektisch – da tut es gut, mal Pause zu machen und sich auf das zu besinnen, was wirklich zählt. Was auch hilft: tief durchzuatmen, in der Sonne zu sitzen und ein leckeres Fischbrötchen zu verspeisen. Oder die Weingummi-Hechte, salzigen Heringe und Lakritz-Sprotten aus den Naschitüten, die die netten Mitarbeiter des Pausenboots in den Sommermonaten auf dem Seefischmarkt anbieten.

Dabei machen die kleinen und großen Besucher dann auch gleich die Erfahrung, dass Zeit etwas Relatives ist und das Zackige unseres Alltags nicht immer angebracht: Im mobilen Kiosk des Pausenboots arbeiten nämlich Jugendliche und Erwachsene mit und ohne Behinderung. Das bedeutet, dass es bei den Aktionen dieses ungewöhnlichen Inklusionsprojekts etwas langsamer vorangeht, dafür aber umso liebevoller.

Die beteiligten Menschen brauchen selbst öfter Pausen und bringen meist ein andersartiges Verständnis von Zeit mit, das sie nahezu unmerklich an andere weitergeben. Wer hier drängelt, merkt schnell, dass das nichts nützt, und passt sich an. Das wirkt ungeheuer entschleunigend – vielleicht sogar auf den gesamten Alltag!

Kinder begreifen das ganz intuitiv, ebenso wie sie die Herzlichkeit und das Verständnis genießen, das hier wiederum ihnen und ihren Bedürfnissen entgegengebracht wird. Inzwischen gibt es noch weitere Projekte beim Pausenboot für Menschen, die in ihrem Leben mal die eine oder andere Auszeit benötigen. Zumeist finden sie im Pausenhaus statt, alle Informationen dazu finden Interessierte auf der Homepage.

Adresse Standort am Seefischmarkt: Sporthafen Wellingdorf, am Ende der Brückenstraße, 24148 Kiel // **ÖPNV** Bus 11, 60 S, Haltestelle Seefischmarkt // **Öffnungszeiten** in den Sommermonaten nach Wetterlage, aktuell auf www.pausenboot.de

64_ DAS PIRATEN-SPIELSCHIFF

Entern und Toben erlaubt!

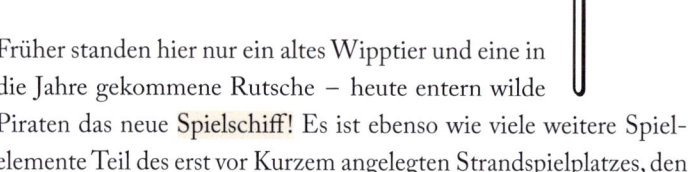

Früher standen hier nur ein altes Wipptier und eine in die Jahre gekommene Rutsche – heute entern wilde Piraten das neue Spielschiff! Es ist ebenso wie viele weitere Spielelemente Teil des erst vor Kurzem angelegten Strandspielplatzes, den die Gemeinde Heikendorf dankenswerter Weise errichtet hat.

Der hoch aufragende Schiffsbug mit den rot umrahmten Luken, das robuste Heck mit Kletterelementen, kleiner Koje und einer schnellen Rutsche und dazwischen die zahlreichen Balancier- und Hangelmöglichkeiten: All dies ist bestens dazu geeignet, die Phantasie kleiner Steuerfrauen und Matrosen anzuregen und sie zum Spielen und Auspowern zu animieren. Auch eine überdimensionale Schatzkiste steht bereit, die sowohl von innen als auch von außen erobert werden kann – wer möchte da nicht sofort auf große Fahrt gehen?

Passend zum Thema des maritimen Spielplatzes, der komplett auf weichem Sand steht, ist auch die Abgrenzung mit robusten Tauen gestaltet, die anderen Strandgästen deutlich macht, dass dieser Bereich den Kindern, pardon, den Piraten vorbehalten ist. Die Eltern können derweil auf der niedrigen Umrandung oder den Bänken am Uferweg sitzen und sowohl ihre eifrigen Klabautermänner als auch den Friedrichsorter Leuchtturm im Blick behalten, der vom anderen Förderufer herüber grüßt. In der Badesaison ist zudem das Deutsche Rote Kreuz mit einer Wasserwacht vor Ort, sodass auch einer kleinen Abkühlung nichts im Wege steht.

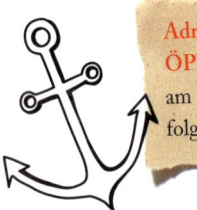

Adresse Uferweg, 24226 Heikendorf // **ÖPNV** Bus 101, Haltestelle Heikendorf am Heidweg, dann dem Fußweg zum Strand folgen // **Spielzeiten** Mo–So 7–22 Uhr

65_DIE PUMPTRACK-BAHN

Tempo machen!

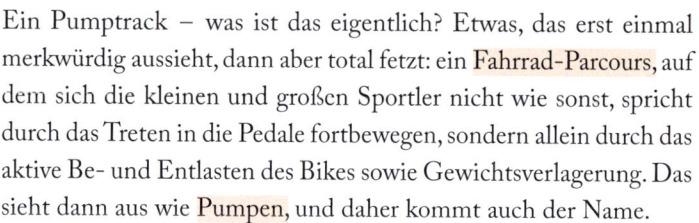

Ein Pumptrack – was ist das eigentlich? Etwas, das erst einmal merkwürdig aussieht, dann aber total fetzt: ein Fahrrad-Parcours, auf dem sich die kleinen und großen Sportler nicht wie sonst, spricht durch das Treten in die Pedale fortbewegen, sondern allein durch das aktive Be- und Entlasten des Bikes sowie Gewichtsverlagerung. Das sieht dann aus wie Pumpen, und daher kommt auch der Name.

Klingt ungewöhnlich? Ist es auch! Ebenso wie die Bahn, die dafür benötigt wird und die sich durch ganz viele Möglichkeiten, Schwung zu holen und diesen auszunutzen, auszeichnet: nämlich durch Auf- und Abfahrten, Wellen, Höhenunterschiede sowie jede Menge Kurven. Daran muss man sich beim Fahren zunächst gewöhnen, kommt dann aber in den totalen Flow. Den wissen auch Kinder zu schätzen, und dafür brauchen sie nicht unbedingt ein spezielles Bike. Denn so eine Pumptrack-Anlage ist multifunktional: Sie kann mit allen Arten von Fahrrädern, aber auch mit Skateboards, Inlinern, Rollern, Laufrädern und sogar mit dem Rollstuhl befahren werden.

Die 2018 angelegte Bahn südlich von Kiel ist die bislang größte in Schleswig-Holstein. Sie wird von coolen Jugendlichen aufgesucht, die dem Trendsport frönen und es darauf anlegen, die Bahn ohne ein einziges Mal zu treten zu umrunden. Aber auch von den Kleinkindern der Kita nebenan, für die das eine tolle Bewegungs- und Körperwahrnehmungserfahrung ist. Und die gerne den Spielplatz ein paar Meter weiter nutzen, von wo aus sie bewundernd zu den »Großen« hinüberschauen und sich die richtige Technik abgucken können.

TIPP: In Mühbrook liegt auch ein idyllischer See. Einfach ans Ufer setzen und ein Eis genießen oder im Hotel nebenan ein Tretboot mieten!

Adresse Bordesholmer Weg 2, 24582 Mühbrook // **Anfahrt** A 215 bis Ausfahrt Blumenthal, An der B 4 und Kieler Straße nehmen, rechts abbiegen auf Dorfstraße, ganz durchfahren bis Bordesholmer Weg, Anlage auf der rechten Seite hinter der Kita »Alte Schule« // **Öffnungszeiten** jederzeit // ab 3 Jahren

66_ DIE RAD-RALLYE-STRECKE

Rund um den Wellsee

»Oh Manno, Radfahren ist langweilig«, tönen die couchaffinen Kids am Wochenende gerne mal? Dann ist es höchste Zeit, sie zu einer ambitionierten Challenge mit dem Bike, sprich zu einer Fahrradrallye rund um den Wellsee herauszufordern! Denn dabei muss man nicht nur in die Pedale treten und seine Mukkis sowie den Allerwertesten in Bewegung setzen, sondern auch Beobachtungsgabe und Köpfchen beweisen.

Die Rallye stammt aus der Feder der sportlichen Akteure eines deutsch-dänischen Fahrradprojektes und wird über einen Flyer, der auch online verfügbar ist, leicht verständlich und gut umsetzbar vermittelt. Am besten klemmen die Familienmitglieder ihn sich in einer transparenten Hülle an den Lenker, und los geht's!

Start ist beim AOK-Gebäude an der Edisonstraße, von da ab geht es über Straßen, Wege, Brücken und Bahnübergänge einmal rund um den pittoresken See, der dem Kieler Stadtteil seinen Namen gegeben hat. Nach der Beantwortung der ersten Frage sollten die Teilnehmer sofort die nächste lesen und auf dem folgenden Streckenabschnitt gut aufpassen – meist liegt die Lösung im wahrsten Sinne des Wortes am Wegesrand! Auch Einheimische zu befragen soll helfen – dabei knüpft man dann auch gleich ganz neue Kontakte vor Ort. Die gesamte Rallye mit Anleitung, Aufgaben, Antwortbogen und Wegkarte kann man auf den Seiten des Projekts herunterladen.

Adresse Start: AOK, Edisonstraße 70, 24145 Kiel, Strecke auf www.interreg4a.de/dwn483286 // **ÖPNV** Bus 900, Haltestelle Kreisauer Straße

67 _ DIE RAPSFELDER

Leuchtendes Gelb bis zum Meer

Den größten Teil des Jahres liegen sie unbeachtet da, aber etwas mehr als einen Monat lang blühen sie in voller Pracht und werden gebührend bewundert: die Rapsfelder rund um Kiel. Manchmal geht die Blüte schon Ende April los, manchmal erst im Mai, und mit Glück kann man das »Gold des Nordens« bis in den Juni hinein bewundern. Gerade die Städter unter den Schleswig-Holsteinern sehnen die Rapsblüte so richtig herbei, kommen mit den leuchtend gelben Blüten doch auch oft sonnigeres Wetter und wärmere Temperaturen, die zu der einen oder anderen Landpartie inspirieren.

Der Raps wächst schnell und zeigt je nach Lichteinfall die unterschiedlichsten Gelbtöne. Besonders schön sieht es aus, wenn die strahlend gelben Felder bis an die blitzeblaue Ostsee heranreichen, wie etwa im Schwedeneck nordwestlich oder bei Hohenfelde nordöstlich von Kiel. Da macht eine Küstenwanderung oder – je nach Länge der mitlaufenden Beine – ein kleiner Spaziergang besonders viel Spaß! Wie man die besten Stellen findet? Einfach dem gelben Leuchten am Horizont folgen, und natürlich der frischen Meeresbrise!

Die Kinder wissen die blühende Pracht auf ihre ganz eigene Art zu würdigen: Sie werden von dem auffallenden Gelb magisch angezogen, laufen lachend am Feldrand entlang, stellen sich neben die schnellwüchsigen Pflanzen, um deren Größe mit der ihren zu vergleichen und schnuppern an den charakteristisch duftenden Blütenkolben. Seine Kids vor dem Raps zu fotografieren, macht übrigens ebenfalls Spaß – denn beide sehen aus jeder Perspektive gut aus.

Adresse rund um Kiel, einfach Ausschau halten, zum Beispiel bei 24229 Schwedeneck oder 24257 Hohenfelde // **Anfahrt** Die spontane Rapssuche macht am meisten Spaß.

68_DIE RATHAUS-TURMFAHRT

Über Kiels Dächer hoch hinaus

Um das Wichtigste gleich vorwegzunehmen: Die Aussicht vom Turm des Alten Rathauses ist phantastisch! In alle Richtungen können die Betrachter von der 67 Meter hohen Plattform ihren Blick schweifen lassen. Denn das haben selbst viele alteingesessene Kielerinnen und Kieler noch nie getan! Neben dem großartigen Panorama mit Kieler Förde, HDW-Kran, riesigen Kreuzfahrern und dem Uni-Hochhaus am Horizont ist es für Kinder und Eltern auch spannend zu gucken, in welcher Richtung das eigene Zuhause liegt und wo sich der Spielzeug- oder Gemüseladen befinden, bei dem sie so gerne einkaufen. Doch nicht nur deshalb lohnt sich die Rathausturmfahrt, die mehrmals die Woche im Rahmen einer Führung möglich ist. Auf dem Weg nach oben erzählt die kundige Turmfahrt-Führerin ganz viel über das Bauwerk, die Kieler Stadtgeschichte und einige Kuriositäten des denkmalgeschützten Kieler Rathauses, das nicht nur eins der markantesten Wahrzeichen der Stadt, sondern auch eine gut funktionierende Behörde ist. Allerdings eine mit zahlreichen Gängen, Aufzügen und Nebenräumen, sodass sich sogar ein Oberbürgermeister an einem seiner ersten Tage in der neuen Amtsstätte glatt verlaufen haben soll. Solche und ähnliche Geschichten bringen auch kleine Besucher zum Schmunzeln. Sie sollten eine gewisse Körpergröße mitbringen, damit sie über die Brüstung der Rathausturm-Plattform gucken können. Und die Fahrt mit dem robusten Fahrstuhl ist ebenfalls ein Erlebnis für sich!

Adresse Fleethörn 9, 24103 Kiel // ÖPNV zahlreiche Buslinien, Haltestelle Andreas-Gayk-Straße // Öffnungszeiten Besteigung nur möglich im Rahmen der Rathausturmfahrt, Buchung am besten im Vorwege über die Tourist-Info oder www.kiel-sailing-city.de // ab 8 Jahren

69_DIE RATHMANNS-DORFER SCHLEUSE

Ländlich, idyllisch und versteckt

Einst fuhren hier Passagier- und Handelsschiffe entlang, heute erklingt nur noch Schwanengeschnatter: Die Rathmannsdorfer Schleuse ist ein idyllischer Ort voller Natur, Frieden und Vergangenheit.

Sie stammt aus dem Jahr 1784, in dem auch der Eiderkanal selbst eröffnet wurde. Der Schleswig-Holsteinische Kanal, wie er auch hieß, verband damals die Kieler Förde mit Rendsburg. Ihn zu erbauen war zu jener Zeit ein herausforderndes Unterfangen; die Schleusenanlagen galten dabei als die bedeutendsten Ingenieursleistungen. Die Rathmannsdorfer Schleuse wurde als dritte von insgesamt sechs Schleusen errichtet und war als Zweikammerschleuse angelegt; diese Bauweise lässt sich heutzutage noch gut nachvollziehen. Sie hielt jedoch keine Möglichkeit bereit, den Kanal zu überqueren, ganz im Gegensatz zu den anderen Schleusen, die jeweils Klappbrücken besaßen.

Sich vorzustellen, wie die Schleusen damals aussahen und funktionierten, welche Schiffe hindurchfuhren und welche Arbeiten nötig waren, um sie zu erbauen und zu bedienen, ist Teil des Spaßes beim Besuch der Rathmannsdorfer Schleuse. Ein anderer ist die wunderschöne Natur rundherum. Dort kann die ganze Familie herrlich am Ufer des Teilstücks des alten Eider-Kanals entspannen, Wasservögel beobachten und sich an der Vielfalt der wuchernden Pflanzen freuen. Und natürlich im Schleusen-Garten, auf dessen Parkplatz Besucher ihr Fahrzeug abstellen dürfen, ein leckeres Stück Kuchen oder im Sommer ein Eis essen!

Adresse Rathmannsdorfer Schleuse, 24161 Altenholz // **Anfahrt** B 76 und B503 nehmen, Ausfahrt Richtung Altenholz-Klausdorf, Altenholzer Straße und Willy-Busch-Straße folgen, links abbiegen in Rathmannsdorfer Schleuse

TIPP: Wer gut zu Fuß ist, folgt dem Wanderweg am alten Eiderkanal in Richtung Gut Knoop und hinunter zum Nord-Ostsee-Kanal. Am Nordufer liegt das Restaurant Kanalfeuer, dessen Terrasse einen herrlichen Blick auf die vorbeiziehenden Schiffe bietet.

70_DER ROBINSON-SPIELPLATZ

Abenteuer mit Seeblick

Ein echter Robinson, der geht schon mal ein Wagnis ein, ist mutig und geschickt, entdeckt und erforscht seine Umgebung, klettert und springt. Und das ist auch der Gedanke hinter den Robinson-Spielplätzen, deren Konzept ursprünglich aus der Schweiz kommt: dass Kinder hier spannende Situationen erleben, sich ausprobieren und zahlreiche Körper- und Naturerfahrungen machen. Vor allem aber, dass sie Freude am Spielen haben, denn dabei ergibt sich der Rest fast von alleine!

Der Robinson-Spielplatz in Preetz trägt seinen Namen zu Recht. Auf dem weitläufigen Areal am Postsee warten eine Menge Herausforderungen auf die Kids: wunderbar wackelige Balancierbalken, Kletter- und Schaukelmöglichkeiten, eine rasante Rutsche, ein lustiger Wipp-Delphin, ein toller Fußballplatz, kleine Holzhäuschen zum Zurückziehen, eine Tischtennisplatte und eine große Wiese mit Sitzbänken und Tischen. Und das alles mit Blick auf den See!

Am Ostufer des idyllischen Postsees ziehen schon mal ein paar Enten und Gänse vorbei, und ein vorsichtiger Blick ins Schilf gibt die Sicht auf brütende Wasserhühnchen frei. Auch das ist ein Abenteuer im Geiste des einstigen Seefahrers, der dem Spielplatz unwissentlich seinen Namen geliehen hat, und das lohnt die Fahrt von Kiel, die übrigens vom Zentrum aus gerade mal 20 Minuten beträgt.

TIPP: Am Postseeufer liegt die Schwimmhalle von Preetz, in der Schwimmkurse für Kinder und Jugendliche angeboten werden.

Adresse Wilhelm-Raabe-Straße 33, 24211 Preetz // Anfahrt B 76, Ausfahrt Richtung Schellhorn/Preetz, Kieler Straße folgen, rechts in Pohnsdorfer Straße, links in Max-Planck-Straße, weiter auf Wilhelm-Raabe-Straße // Öffnungszeiten jederzeit

71_ DER ROSENSEE

Jetzt fahr'n wir über'n See, über'n See

Diesen schönen, verträumten See kennt kaum jemand, und nur ein paar kleine Schilder im Wildpark Schwentinental verweisen auf seine Existenz. Dabei ist der Rosensee, der von der Schwentine, einem der längsten Flüsse Schleswig-Holsteins, gespeist wird, gar nicht mal so klein: Um ihn einmal der Länge nach abzufahren, braucht man locker eine Stunde oder auch mehr – je nachdem, wie stark und mit wie vielen kleinen Seeräubern an Bord man in die Pedale tritt.

Das Tretbootfahren auf dem Rosensee kann demnach zur sportlichen Herausforderung werden, bei der die Familienmitglieder darum wetteifern, wer als Erster die andere Seeseite erreicht. Oder einfach eine gemütliche Familientour, bei der die Bötchenfahrer sich auf dem Wasser treiben lassen, Enten und andere Vögel beobachten und unter den überhängenden Bäumen am Ufer gemütlich dahindümpeln und sich die Sonne auf die Nase scheinen lassen.

Zu viel Schiffsverkehr ist hier nicht zu erwarten; nur ein paar Kanuten durchqueren ab und an das Gewässer. Die Tretboote selbst vermietet die freundliche Betreiberin des Kiosks beim Spielplatz des Wildparks Schwentinental, der etwas oberhalb vom Rosensee liegt. Ein Tretboot fasst vier Personen; wer vorne sitzt, tritt und steuert. Die Boote können nicht vorreserviert werden, frühes Erscheinen lohnt sich also. Alle Kinder sollten sicherheitshalber Schwimmwesten tragen. Wer keine eigene dabei hat, bekommt sie kostenlos am Kiosk dazu. Und wer nicht mit an Bord kommen möchte, kann den See auch wunderbar umwandern oder auf dem Steg picknicken.

Adresse Fernsichtweg 4, 24223 Schwentinental (Parkplatz) // **ÖPNV** Regionalbahn Richtung Lübeck, Umstieg am Raisdorfer Bahnhof in Bus 2, 300, Haltestelle Raisdorf Fernsichtweg // **Öffnungszeiten** Kiosk: Hauptsaison 10.30–18 Uhr, Nebensaison je nach Wetterlage // ab 3 Jahren

TIPP: Im Wasserwerk, das an den Rosensee angrenzt, an einer der spannenden Führungen teilnehmen, die über die Stadtwerke Kiel organisiert werden! Infos auf www.stadtwerke-kiel.de.

72_DIE SCHAUKELN AM MEER

Schaukelglück mit Fördeblick

Hoch in die Lüfte schwingen und wieder zurück, den Wind in den Haaren und um die Nase, ein wohliges Kribbeln ganz tief drinnen im Bauch: Schaukeln ist Kinderglück in seiner reinsten Form. Alle Kinder lieben es, und wenn sie die einfachen Schaukeln am Ufer der Kieler Förde bei Heikendorf sehen, stürmen sie sofort drauflos.

Wieder absteigen? Fehlanzeige! Höchstens, um sich abzuwechseln, denn andere wollen natürlich auch. Es ist aber auch ein toller Platz: Auf dem Wasser ziehen sowohl kleine Bötchen als auch ansehnliche Großsegler und die Schiffe der Fördefährlinie vorbei, die Möwen kreischen, und bei gutem Wetter kann man bis zum Kieler Westufer und zum Leuchtturm Friedrichsort hinübersehen. Nur der Uferweg trennt den schmalen Grünstreifen mit dem Schaukelgestell von der Küstenlinie. Wer hier schaukelt, hat das Gefühl, er könne sowohl in den Himmel als auch einmal über die Kieler Förde hinweg fliegen.

An diesem gemütlichen Ort mögen Familien schon mal einen Nachmittag verbringen; zumal, wenn sie Picknick mitgebracht haben und die Kinder nach dem Schaukeln am Wasser gleich noch Steine und Muscheln sammeln. Auf dem Gras oder direkt am Ufer die Decke ausbreiten und entspannen tut übrigens auch den begleitenden Eltern gut. Praktischerweise steht ein Toilettenhäuschen nebenan. Und während die Kinder dieses nutzen, dürfen Mami oder Papi vielleicht auch einmal auf die Schaukel!

> **TIPP:** Etwas südlicher legt bei Möltenort die Fähre der Linie F1 an, mit ihr geht es weiter nach Laboe oder aufs gegenüberliegende Kieler Westufer nach Friedrichsort.

Adresse Uferweg, 24226 Heikendorf // **ÖPNV** Bus 101, Haltestelle Heikendorf am Heidweg, dann dem Fußweg zum Strand folgen

73_DAS SCHIFF-FAHRTSMUSEUM

Mit Seesack auf Expedition durch die Fischhalle

Ahoi, ihr Matrosen! Schultert euren Seesack, denn es geht auf große Fahrt! Und zwar im Schifffahrtsmuseum Kiel, dessen Erkundung mindestens so spannend wie ein Törn über die Ostsee ist, nur etwas wetterfester.

Überhaupt ist das Schifffahrtsmuseum am Sartorikai ein attraktiver Ort für Kinder aller Altersstufen, sind dort doch beeindruckende Schiffsmotoren, glänzendes nautisches Zubehör und Schiffsmodelle aller Art zu sehen. Für die Expedition durch die Fischhalle, die seit 1910 an ihrem jetzigen Platz steht und einst als witterungsunabhängige Räumlichkeit für den Fischhandel fungierte, existiert für Kids ab dem Schulkindalter ein besonderes Angebot: Es stehen ein Seesack, eine Matrosenmütze und weitere maritime Accessoires bereit, mit denen sie sich ganz als mutige Steuerfrau oder waghalsiger Seemann fühlen können. Dazu bekommen sie einen Rallyebogen mit kniffeligen Aufgaben ausgehändigt, mit dessen Hilfe die Besichtigung der Fischhalle zu einem echten Abenteuer wird.

Auch bei den Lütten kommt keine museale Langeweile auf; sie können es sich in der Kinderecke mit Erkundungsmöglichkeiten und maritimen Kinderbüchern gemütlich machen. Draußen gibt es ebenfalls viel zu gucken: An der Museumsbrücke liegen der Seenotrettungskreuzer Hindenburg, das Fahrgastschiff Stadt Kiel, das Feuerlöschboot Kiel und der Tonnenleger Bussard, die teils schon über 100 Jahre alt sind. Der Eintritt ins Schifffahrtsmuseum ist frei; ein originelleres Spendenschiff als das im Eingangsbereich findet man nirgends.

Adresse Wall 65, 24103 Kiel // **ÖPNV** Bus 32, 62, Haltestelle Seegarten/Ostseekai // **Öffnungszeiten** Di–So 10–18 Uhr

TIPP: Auch in der Stadtgalerie Kiel (Andreas-Gayk-Straße 31) gibt es spezielle Angebote sowie Kunstaktionen für Kinder.

74_ DIE SCHIFFS-BEGRÜSSUNGS-ANLAGE

Schiffen winken und Flaggen lernen

Wollten Sie schon immer alles über die großen Pötte auf dem Nord-Ostsee-Kanal wissen und sie zum Greifen nahe vorbeigleiten sehen? Dann auf nach Rendsburg und das Winken nicht vergessen! Denn hier werden alle Schiffe vom Containerfrachter bis zum Traumschiff über die Lautsprecher der Schiffsbegrüßungsanlage willkommen geheißen.

Spannende Informationen zu Herkunftsort, Ziel, Tiefgang und Fracht sind inklusive. Da ein Team aus ehemaligen Kapitänen die Ansagen macht, ist schon mal der eine oder andere trockene Seemannsspruch dabei. Dazu begrüßen sie die Schiffe durch das Anspielen der jeweiligen Nationalhymne und das Dippen der passenden Flagge. Eine gute Gelegenheit also, Wissen in all diesen Punkten zu erlangen und zugleich der Besatzung zuzujubeln. In Internet können »Shipspotter« vorher gucken, welche großen Kähne sich dem Standort an der Nordseite des Kanals nähern, damit sie zu einer Zeit mit viel Schiffsverkehr dort sind. An gleicher Stelle liegt das Restaurant und Café »Brückenterrassen«, in dem norddeutsche Gerichte und mehr angeboten werden und von dessen Fenstern aus die Gäste einen guten Blick auf den Kanal haben. Kleinere Kinder buddeln zudem gerne im Sandkasten auf der Terrasse.

> **TIPP:** Legen Sie mal den Kopf in den Nacken und schauen Sie nach oben! Über Ihnen erhebt sich die phantastische Eisenbahnhochbrücke von Rendsburg, und es ist für Groß und Klein faszinierend, die Züge darüber sausen zu sehen.

75_DIE SCHIFFSBESICHTIGUNG

Ist eine Kreuzfahrt mit Kindern etwas für uns?

In Kiel legen täglich die schönsten Kreuzfahrtschiffe an und ab, doch längst nicht alle Kielerinnen und Kieler sind schon einmal mitgefahren. Und klappt eine Kreuzfahrt mit Kindern überhaupt? Wie familienfreundlich sind die Schiffe, was ist zu beachten? Wie steht es mit der Sicherheit? Was gibt es für Angebote für Kinder und Jugendliche an Bord? Familien aus Kiel und Umgebung können diese Fragen ganz unkompliziert klären: Bei einer Schiffsbesichtigung gehen sie am Ostseekai an Bord eines Ozeanriesen, ohne gleich den Hafen zu einer mehrtägigen Reise verlassen zu müssen. Urlaubsfeeling inklusive! Insbesondere der »Family Day« auf einem Schiff der Aida-Flotte eignet sich hervorragend für einen Familienausflug der besonderen Art, bei dem Eltern und Kinder das Kreuzfahrtschiff vom Bug bis zum Heck und von oben bis unten kennenlernen und speziell die Angebote für den Nachwuchs in Augenschein nehmen. Bei der fast viereinhalbstündigen Tour können sie in Ruhe sämtliche Kabinenarten, die Poollandschaft, das Theatrium und die Spielbereiche erkunden sowie sich über den Kids Club für kleinere Kinder oder eigene Aktionen und Ausflüge für größere Kids und Jugendliche informieren. Ein mehrgängiges gemeinsames Mittagessen im Buffetrestaurant rundet den Besuch ab. Dabei können sich die Interessenten auch super mit anderen Familien austauschen und alle noch bestehenden Fragen loswerden.

Adresse Ostseekai, 24103 Kiel // **ÖPNV** Bus 32, 43, 62, Haltestelle Seegarten/Ostseekai // **Öffnungszeiten** mehrmals in der Saison, mit Anmeldung, buchbar über Kiel Marketing (Tel. 0431/679 100, Mail: info@kiel-sailing-city.de); eine rechtzeitige Anmeldung ist sinnvoll

76_ DER SCHNULLERBAUM

Tschüss Schnulli, danke Schnulli

Sich vom geliebten Schnuller zu verabschieden, ist nicht immer leicht. Denn nicht jedes Kind trennt sich gerne, gerade wenn der Nuckel ein jahrelanger Begleiter gewesen ist. Was also tun?

Manche Eltern rufen nach der Schnullerfee; doch auch ein Schnullerbaum samt begleitendem Ritual kann eine große Hilfe sein, um das Lutschwerkzeug endgültig loszuwerden. Denn bei der Variante mit dem Baum ist der »Nulli« nicht einfach verschwunden, sondern kann bei Gelegenheit besucht werden. Und der Brauch des Aufhängens und Bedankens hat etwas Aktives, da das Kind selbst mitwirkt.

Möchten Eltern und Kinder also in Kiel den Schnuller nicht an den Nagel, sondern an den Baum hängen, finden sie beim DRK-Kinderhaus in Wellsee ein prächtiges Exemplar. Der Schnullerbaum steht im Vorhof des Kinderhauses, das ein bisschen von der Straße zurück liegt. Die unteren Äste des ausladenden Baumes sind mit Elternhilfe gut erreichbar, hängen aber nicht so niedrig, dass die Kids ihren kleinen Begleiter selbst willkürlich wieder abpflücken können.

Außerdem befinden sich die Schnuller dort in bester Gesellschaft – Klaus Schnullermaus passt auf sie auf, wie das dabei hängende Schild samt Bild verkündet. Wenn es jetzt vielleicht noch ein kleines Geschenk gibt, kann nichts mehr schiefgehen. Dann heißt es: »Tschüss Schnulli, danke Schnulli!« Die Eltern sind erleichtert, und die Kleinen auf einmal ganz groß und mega stolz auf sich selbst. Nur sollten die Erwachsenen zu Hause alle noch übrigen Nuckler vernichten – sonst werden entweder die Kinder oder die Eltern schnell wieder rückfällig.

Adresse Goerdelerring 9, 24145 Kiel // **ÖPNV** Bus 8, Haltestelle Julius-Leber-Straße // **Öffnungszeiten** Vorhof 8–16 Uhr öffentlich zugänglich

77_DER SCHUH-KARTON

Mit der kleinsten Fähre des Nordens fahren

Einfacher geht es kaum: einsteigen, einmal über den Nord-Ostsee-Kanal schippern, aussteigen, Beine vertreten, ein bisschen das Ufer erkunden und dann Retour. Und schon sind die Mini-Matrosen und ihre großen Kapitäne glücklich und haben auch noch jede Menge erlebt! Das Geheimnis hinter diesem simplen, aber höchst spannendem Ausflug: der »Schuhkarton«, wie das als Spezialanfertigung gebaute Personenschiff von den Kielern liebevoll genannt wird, oder aber die kleinste Fähre des Nordens.

Denn die »Adler I«, so die großartige offizielle Bezeichnung der nahezu rechteckigen Kanalfähre von 1984, ist gerade mal 14 Meter lang und fünf Meter breit; auf ihr haben circa 50 Personen und ein paar Fahrräder, aber keine Autos Platz. Dafür wird das Schiffchen von einem kinderfreundlichen Kapitän gesteuert, der seinen kleinen Gästen gerne mal von oben zuwinkt – auch wenn sie zum zweiten oder dritten Mal mitfahren, weil es einfach so schön ist.

Praktischerweise fährt die »Adler I« nahezu immer, nämlich wochentags ab 6.30 Uhr und am Wochenende ab 9.30 Uhr bis zum späten Abend im Viertelstunden-Takt über den Nord-Ostseekanal, und verbindet damit auf ganz besondere Art und Weise die beiden Stadtteile Kiel-Wik und Holtenau. Von Bord aus kann man die großen Pötte vor oder nach dem Einchecken in die Holtenauer Schleuse bewundern und zur Holtenauer Hochbrücke aufschauen. Und das Beste: Sämtliche Fahrten über den Kanal, auch die vierte oder drölfzigste, sind dank Kaiser Wilhelms II. weiser Voraussicht kostenfrei.

Adresse Uferstraße 50, 24106 Kiel // **ÖPNV** Bus 11, Haltestelle Kiel-Wik Kanal // **Öffnungszeiten** Fahrzeiten: Mo–Fr 6.30–22 Uhr, Sa, So 9.30–22 Uhr

78_DER SCHULENSEE

Picknicken und Spielen am Seeufer

Warum nicht mal etwas ganz Einfaches unternehmen? Das macht die Kinder ja meist am glücklichsten, und die Eltern entspannt es ungemein. Also lediglich den Picknickkorb und eine Decke schnappen und auf zum Schulensee!

Der idyllische kleine See in Kiels Süden ist weitgehend unbekannt, höchstens bei der Nennung des gleichnamigen Ortsteils reagieren die meisten Kieler. Das 68 Hektar umfassende Gewässer gehört zum Naturschutzgebiet »Schulensee und Umgebung«, die Eider fließt mitten hindurch. Das Befahren mit Motorbooten ist verboten, und überhaupt ist es hier wunderbar ruhig.

Bis auf den Spielplatz – auf dem darf getobt werden! Durch eine große Wiese vom See getrennt, sodass man nicht befürchten muss, dass die Kids gleich ins Wasser laufen, liegt am Ende der Straße Jütwarder der gut in Schuss gehaltene Spielplatz, umgeben von großen Bäumen. Hier können sich die Kinder an Kletterwand, Drehscheibe, Balancier-Elementen, Wippgeräten und Matschschüssel austoben. Mutige erobern die Wackelbrücke auf dem kleinen Hügel und rutschen anschließend mit Schwung zu den Eltern hinab, die im Schatten chillen.

Wenn alle ausgetobt und hungrig sind, gehen Familien die wenigen Meter bis zum Schulensee, breiten ihre Decke aus und schmausen bei einem Picknick mit Seeblick. Vielleicht kommen ja noch ein paar freundliche Enten vorbei, oder ein Karpfen wagt einen Sprung in die Luft. Denn mehr braucht es eigentlich nicht für einen herrlich entspannten Nachmittag.

TIPP: Am Schulensee führt der Eiderwanderweg vorbei, der durch das landschaftlich reizvolle Eidertal verläuft.

Adresse Jütwarder 7, 24113 Molfsee // **ÖPNV** Bus 501, 502, Haltestelle Rammsee Schulenhof

79_DAS SCHÜLER-FORSCHUNGS-ZENTRUM

Freies Forschen und mehr

Tüfteln, Knobeln und Entdecken – das alles wird im Schülerforschungszentrum in der Kieler Forschungswerkstatt großgeschrieben, am größten aber: FORSCHEN. Denn das können hier schon kluge Kids ab acht Jahren! Mit etwas Anleitung und Unterstützung, jedoch größtenteils selbstständig, starten die Kinder ihre eigenen Forschungsprojekte, ganz nach Interessen und Fähigkeiten. Manchmal allein, öfter im Team: Denn gemeinsam bekommen die Kinder und Jugendlichen am besten heraus, warum der Gummibärchenkleber besser hält als der Kartoffelkleister (und auch leckerer schmeckt), wie die Tierschädelnachbildung im 3-D-Drucker gelingt, mit welchen Methoden tüchtige Detektive einen Kriminalfall am schnellsten lösen und weshalb ein Roboter mit Hundeohren cooler aussieht (und besser funktioniert) als in Marienkäferform. Okay, die sogenannten und gern zitierten MINT-Interessen werden dabei auch gefördert; im Vordergrund stehen jedoch der Spaß am Experimentieren und die Möglichkeit, die eigenen Ideen zu testen und gar nicht so kleine (Forscher-)Träume zu verwirklichen.

Das ist spannend, und so schauen auch schon mal die Wissenschaftlerinnen und Wissenschaftler der Universität Kiel vorbei, um sich den Fragen der kleinen großen Experten zu stellen. Dann findet ein echter Austausch statt, der Visionen einer besseren Zukunft entstehen lässt. Das außerschulische Angebot ist kostenlos.

> **TIPP:** Für alle, die sich nach dem Forschen körperlich betätigen wollen, gibt es beim Hochschulsport der CAU Kiel auch Kurse für Kinder und Eltern!

Adresse Am Botanischen Garten 16i, 24118 Kiel // **ÖPNV** Bus 50, 60 S, 81, Haltestelle Botanischer Garten // **Anfahrt** Über Olshausenstraße, am besten an der Informationssäule der Schranke an der Leibnizstraße klingeln und das Öffnen erbitten. Der Parkplatz am Physikzentrum liegt dem Haupteingang des Botanischen Gartens direkt gegenüber. // **Öffnungszeiten** Mi 15–18 Uhr ab der 8. Klasse, Fr 15–18 Uhr ab der 3. Klasse, Anmeldung auf www.sfz-sh.de // ab 8 Jahren

80_ DER SCHUSTERGANG

Auf lauten Sohlen

Sie weisen Kindern und Erwachsenen den Weg und verraten zugleich, worum es geht: Mehr als 100 in den Boden eingelassene Fliesen mit dem Motiv des Schusterjungen bilden den sogenannten »Schustergang« in der kleinen Stadt Preetz, die man von Kiel aus in knapp 15 Minuten erreicht. Die anschaulichen Wegzeichen laden zu einer spannenden Entdeckertour ein, die die Besucher ganz systematisch, aber auch kindlich-intuitiv angehen können.

Die »Schusterfliesen« führen beispielsweise zu den beiden Schusterskulpturen, die jede auf ihre Art witzig und originell ist. Da krabbelt schon mal eine Maus aus den Latschen, die der Schuster eben noch flicken wollte, oder ein Frosch guckt einen von der leicht defekten Schuhsohle aus an. Die Tour geht an historischen Fachwerkhäusern vorbei, an denen Erklärungstafeln zum Leben und Wirken der Bewohner angebracht sind, bis zur Stadtkirche und dem Preetzer Kloster.

Ein Highlight nicht nur für Kinder ist der Riesenholzpantoffel mit Schuhgröße 459, den alle zusammen am Parkplatz unterhalb des Marktplatzes bestaunen, aber nicht anprobieren können. Und in der Wakendorfer Straße 17 gibt der Holzschuhmacher Lorenz Hamann Einblicke in seine Arbeit, der er seit vielen Jahren mit Expertise und Freude an diesem traditionellen Handwerk nachgeht. Holzschuhe sind übrigens bequemer, als man vielleicht denkt – und auch das ist spannend auszuprobieren!

Adresse Mühlenstraße, 24211 Preetz // Anfahrt B 76 Ausfahrt Richtung Schellhorn/Preetz nehmen, Kieler Straße und Klosterstraße bis zum Parkplatz an der Mühlenstraße // Öffnungszeiten Holzschuhmacher Hamann: Mo–Sa 9–13 Uhr // ab 3 Jahren

81_ DER SCHWANEN-SEEPARK

Wo Schwäne übers Wasser gleiten

Der Schwanenseepark wurde erst vor wenigen Jahren aus seinem Dornröschenschlaf geweckt, vielleicht ist er deshalb noch nicht so stark besucht. Zudem war er ziemlich verwildert. Doch engagierte Bürger und eine Ortsteil-Initiative beschlossen, die politischen Entscheidungsträger wachzurütteln und die zugewachsene und in die Jahre gekommene Grünanlage wiederzubeleben.

Das hat sich gelohnt, und jetzt erstrahlt der langgestreckte, vielfältige Park im Wohnviertel Ellerbek-Wellingdorf in neuem Glanz. Fleißige Arbeiter schütteten die Dämme wieder auf, sanierten die Fußgängerbrücken zwischen den sechs Teichen und strichen sie in dem typischen Weiß früherer Prunkzeiten, setzten Blumen und Büsche neu, stellten Bänke auf und bereinigten die Wege. Besonders wurde an die kleinen Besucher gedacht, auf die am südlichen Ende ein großer Spielplatz mit Seilbahn, Sechseckschaukel, Rutsche, Tischtennisplatte und Wipptier wartet. Einmal im Jahr feiern die Anwohner und Freunde des Parks zudem dort ein großes Spielplatzfest. Weitere Highlights sind das Wasserspielpodest und der Aussichtspunkt »Liebeslaube«.

Trubelig ist es in der grünen Oase mit Wohlfühlcharakter jedoch noch lange nicht. Ein naturbelassener Teich bleibt unangetastet, damit die Wasservögel dort in Ruhe brüten können. Womöglich ist das der Grund, weshalb neben Holzschwan Heinrich auch Blesssowie Teichhühner und Enten zurückgekehrt sind und sich am Ufer und auf den Wiesen von den Kids gerne bewundern lassen.

Adresse Schwanenseepark, 24148 Kiel // **ÖPNV** Bus 11, 100, Haltestelle Franziusallee // **Öffnungszeiten** jederzeit

82_DIE SEENOTRETTER

Am Steuer des Seenotkreuzers »Berlin«

Seenotrettung ist ein wichtiges Thema, wenn man an der Küste lebt, und die Kids sind davon ähnlich fasziniert wie von der Feuerwehr. Schnelle Schiffe mit bedeutsamen Missionen: Das ist ja auch spannend. Zugleich wissen die meisten Kinder und Jugendlichen über die Hintergründe und Fakten jedoch weniger als bei anderen Lebensrettern. Das ändert sich allerdings, wenn sie mal einen Nachmittag im Informationszentrum der Deutschen Gesellschaft zur Rettung Schiffbrüchiger im Hafen von Laboe verbringen. Das Gebäude sieht von außen zwar unscheinbar aus, hat aber innen eine Menge zu bieten, inklusive kindgerecht aufbereiteter Informationen und anschaulicher Materialien.

Während kleinere Kapitäne hier Bilderbücher zum Thema Schifffahrt und Seenotrettung, Bastelangebote, eine Malecke sowie Kuscheltier-Seebären und -Seerobben vorfinden, dürfen ältere Kids ab zwölf Jahren schon mal den Schiffssimulator fahren. Das ist ein Erlebnis der Extraklasse, bei dem sie virtuell mit dem Seenotkreuzer »Berlin«, der in Laboe auch seinen Heimathafen hat, in See stechen. Bergung eines havarierten Segelboots, auf dem zudem ein Brand ausgebrochen ist, und Mann-über-Bord-Manöver inklusive! Für alle Besucher werden im Informationszentrum zudem spannende Rätsel rund um die Seefahrt und Schiffsmodelle präsentiert. Steuerfrauen sind ebenfalls gern gesehen! Außerdem sind die Seenotretter immer auf der Suche nach Nachwuchs und bieten Filme, Info-Abende sowie Führungen für Schulklassen an.

Adresse Hafenstraße 4, 24235 Laboe // ÖPNV Bus 100, Haltestelle Laboe Hafen // Öffnungszeiten Mo–Do 10–17 Uhr, Fr 10–16 Uhr, Mai–Okt. auch Sa, So 11–17 Uhr // ab 3 Jahren

TIPP: Laboes Hafenpromenade weist viele kleine maritime Spielplätze und Spielecken für Kinder aller Altersstufen auf.

83_DAS SEGELCAMP
Segeln lernen 24/7

Das ist bundesweit einmalig: Kinder und Jugendliche aus Kiel und dem Umland starten im Camp 24/7 erste Versuche im Segelsport, und das von Mai bis September an sieben Tagen in der Woche. Dabei lernen sie nicht nur, wie sie Luv von Lee unterscheiden, sondern auch, wie sie sich auf dem Wasser verhalten, warum es wichtig ist, als Bootsteam zusammenzuarbeiten und wann sie besser die Segel streichen, statt sie zu straffen.

Bei allem steht der Spaß am Wassersport im Vordergrund und die Vermittlung der Faszination für, aber auch des Respekts vor Wellen, Wind und Meer. Die Teilnehmer können aus über 30 unterschiedlichen Schnuppersegelangeboten bei fitten und netten Segeltrainern wählen. Die Möglichkeiten reichen von einer Stunde bis zum fünftägigen Kurs, den man am besten frühzeitig bucht. Mit dabei sind auch viele Extras wie eine Wikingertour in den Sommerferien, der Fördetörn und mehrere Fahrten für die ganze Familie.

Was viele jedoch nicht wissen: Es gibt auch ein Landprogramm mit Beachvolleyball auf eigens bereitgestellten Flächen, Liegestühlen und Strandkörben zum Chillen sowie Aktionen, an denen spontan teilgenommen werden kann. So ist es möglich, an einem sonnigen Nachmittag vorbeizuschauen und sich am Tischkicker zu messen, das Geschicklichkeitsspiel und den Knotentrainer auszuprobieren sowie den ferngesteuerten Modellbooten zuzuschauen. Der absolute Hit für Kids ist der kostenlose Opti-Simulator, den immer zwei kleine Klabautermänner auf einmal erobern dürfen.

Adresse Kiellinie, 24103 Kiel // **ÖPNV** Bus 42, 42, 51, Haltestelle Kiellinie // **Öffnungszeiten** Mai–Sept. täglich, Kurse nach Anmeldung

84_DAS SKAGERRAK-UFER

Werft im Blick

Ein bisschen »trashig« ist es hier ja schon – aber genau das macht das Besondere dieses Ortes aus. Sprich: Die Straße am Skagerrakufer, die genauso heißt wie der Ort selbst, ist nicht neu gemacht, sondern besteht aus rumpeligem Kopfsteinpflaster. An dem kleinen Strand liegen schon mal Seetang, Treibholz und Co, es gibt auch kein schickes Strand-Café. Am Steg machen nicht die großen Luxusyachten und auch keine Dreimaster fest, dafür einfache Segelboote und Jollen.

Das Skagerrakufer ist also definitiv keiner der Hot Spots in Kiel – dafür kommt aber auch nicht jeder her. Im Gegenteil, selbst alteingesessene Kieler müssen nachgucken, wo das eigentlich liegt, und horchen erst auf, wenn der Name der Lindenau Werft ins Spiel kommt. Denn diese ist vom Strand aus gut sichtbar: Einst bekannt für den Bau von innovativen Doppelhüllen-Tankern, hat sie eine spannungs- und wechselvolle Geschichte hinter sich, die man ihr auch ansieht. In den letzten Jahren geriet sie oftmals in wirtschaftliche Schwierigkeiten und wurde von zahlreichen Misslichkeiten bedroht, ihr weiteres Schicksal ist ungewiss.

Die Kräne der Lindenau Werft und alles, was mit den großen »Pötten« zu tun hat, finden die Kids jedoch ungemein spannend; ebenso wie sie aus dem Treibholz am Strand ihre ganz eigenen, phantasievollen Skulpturen bauen. Steht man als Familie also weniger auf Schickimicki, sondern mag den archaischen Charme dieses Ortes, ist hier ein wunderbar entspannter Nachmittag drin.

TIPP: Ebenfalls am Skagerrak-Ufer liegt die »Lernwerft«, eine private Grund- und Gemeinschaftsschule.

Adresse Skagerrakufer, 24159 Kiel // **ÖPNV** Bus 502, Haltestelle Lindenauwerft

85_DIE SONNTAGS-MALSTUNDE

Kunst für kleine Leute

Die Kunsthalle zu Kiel ist wohl eher einer der bekannteren Orte der Landeshauptstadt; die Malstunde für Kinder hingegen entdecken pfiffige Eltern nur, wenn sie die Homepage dieser etablierten Institution gründlich durchsuchen. Auch den Raum dafür, der im hinteren Teil des imposanten Gebäudes nahe der Kiellinie angesiedelt ist, müssen sie erst einmal finden. Zudem ist es wichtig, das eigene Kind anzumelden, damit für alle genug Materialien vorhanden sind.

Doch dann kann es losgehen: Pinsel, Farben, Stifte, Scheren, Malkittel, Staffeleien und Papier stehen in ausreichender Anzahl für die kleinen Künstler bereit. Meist gibt es ein Thema, beispielsweise »Das Baumhaus« oder »Die Segelschiffe«, zu dem unter Anleitung kreativ gestaltet wird. Mit bunten Farben sein eigenes Werk zu schaffen, das die Kinder anschließend mit nach Hause nehmen dürfen, macht Spaß und zugleich stolz. Außerdem können die Kids hier nochmal ganz anders loslegen als etwa beim Malen in der Schule. Um teilnehmen zu können, sollten sie mindestens vier Jahre, gerne auch etwas älter sein.

Für die Eltern und Begleitpersonen bietet die Kunsthalle während der Malstunde ebenfalls eine besondere Aktion an: Um 16 Uhr nehmen sie an der Führung durch die aktuelle Ausstellung teil, bevor sie ihren Nachwuchs samt Bild in der Hand und Farbklecks auf der Nase wieder einsammeln.

Adresse Düsternbrooker Weg 1, 24105 Kiel // **ÖPNV** Bus 41, 42, Haltestelle Kunsthalle // **Öffnungszeiten** Sonntagsmalstunde am 1. und 3. So im Monat, 15.30–17 Uhr, Anmeldung und Kartenvorverkauf an der Kasse, Tel. 0431/8805756 // ab 4 Jahren

TIPP: Eine große Freude können Eltern ihren kleinen Dino-Fans und großen Naturinteressierten bereiten, wenn sie mit ihnen das Zoologische Museum (Hegewischstraße 3) besuchen, das durch echte Dinosaurierskelette und interaktive Erkundungsmöglichkeiten besticht.

86_DIE SPIELLINIE

Zu spät zur Kieler Woche gehen

Die Kieler Woche kennt wirklich jeder; und fast alle Kinder und Eltern landen früher oder später auf der Krusenkoppel, auch bekannt als »Spiellinie«. Das grüne Areal verwandelt sich in diesem Zeitraum in ein äußerst phantasievoll gestaltetes Märchen- und Abenteuerland, an dem die Kinder und Jugendlichen selber mitwirken und mitgestalten können. Jedes Jahr wird dort unter einem anderen Motto gespielt und gefeiert, und mit jedem Tag sind die Bauten und die fleißigen Kinderhände bunter.

Doch auch wenn all die kreativen Angebote, die Mitmach-, Mal- und Hämmer-Aktionen, die Vorführungen, Hüpfburgen und Matschschlachten extrem attraktiv sind und den Kindern richtig viel Spaß bringen, so ist es während dieser zehn Tage doch auch ganz schön voll und laut dort – und für manchen einfach zu trubelig. Kein Wunder, denn neben der Hörn und der Kiellinie ist dies der am meisten besuchte Veranstaltungsort auf der Kieler Woche.

Kaum ein Mensch jedoch kommt am Montag *nach* der Kieler Woche dorthin, dabei ist das ein wahrer Geheimtipp: Zwar finden auf der Krusenkoppel dann keine Aktionen mehr statt, und der Abbau hat begonnen; aber man hört wieder die Vögel zwitschern und kann – und zwar in Ruhe – die kunterbunten Bauten bewundern und sich in die jeweiligen Phantasiewelten hineinversetzen. Gegen eine kleine Spende bekommt man zudem großartiges Bau- und Bastelmaterial für zu Hause, damit dies weiter genutzt wird und eben nicht auf dem Müll landet. Zu spät kommen kann sich also richtig lohnen!

Adresse Krusenkoppel, 24105 Kiel // **ÖPNV** Bus 41, 42, Haltestelle Landtag // **Öffnungszeiten** am Mo nach der Kieler Woche

87_DER SPIELPLATZ LANTZIUSSTRASSE

Der bunteste Spielplatz der Stadt

Kleine Piraten mögen's bunt! Deshalb, und weil das einfach gute Laune macht, ist das riesige Spielschiff auf diesem einzigartigen Spielplatz inmitten eines Kieler Wohnviertels äußerst farbenfroh gestaltet. Die Kinder stürmen es in der Regel gleich als Erstes, es bietet ja auch super Krabbel-, Kletter- und Rutschmöglichkeiten. Vor allem aber regt es, mit Piratenflagge und Steuerrad ausgestattet und einfallsreich ausgebaut, die Phantasie der Lütten an.

Wie überhaupt der ganze Spielplatz, der an der Lantziusstraße schon allein deshalb gut zu finden ist, weil die Spielgeräte kunterbunt angestrichen sind und einem förmlich entgegenleuchten. Hier war jemand mit Herz und Seele am Werk, und das merkt man an jeder Ecke. Überhaupt macht das gesamte Areal einen ausnehmend gepflegten Eindruck. Die Anwohner kümmern sich liebevoll darum, dass dieser Spielplatz sauber und in Schuss bleibt.

Weitere Pluspunkte sind die große Kiste mit Sandspielzeug, sodass die Kinder kein eigenes mitbringen müssen, eine stabile Nestschaukel sowie weitere Schaukeln und Spielgeräte für ältere Kids. Ein paar nette Bänke laden die Eltern ein, zu verweilen und schon mal das Picknick auszupacken. Denn auch die großen Besucher bekommen bei dem farbenprächtigen Anblick des buntesten Spielplatzes der Stadt gleich gute Laune!

> **TIPP:** Noch mehr Lust auf Buntes? Schräg gegenüber vom Spielplatz befindet sich ein im Hundertwasser-Stil gestaltetes Wohnhaus, das so wunderschön und schillernd verziert ist, dass die meisten Betrachter gleich einziehen möchten.

Adresse Lantziusstraße, 24114 Kiel // **ÖPNV** Bus 50, 81, Haltestelle Lantziusstraße // **Öffnungszeiten** jederzeit

88_DER SPIELPLATZ MIT KANALBLICK

Beim Spielen Schiffe kieken

Was ist besser als ein Spielplatz? Ein Spielplatz mit Aussicht! Denn das ist in dem kleinen Ort Sehestedt etwas nördlich von Kiel das Tüpfelchen auf dem Spielplatz-»i«: der einmalige Blick auf den Nord-Ostsee-Kanal. Doch diese tolle Kombination kennt in Kiel kaum jemand.

Wie gut, dass die Sehestedter sich bei der Anlage Gedanken gemacht und ihren Spielplatz so hoch oben auf den Hügel platziert haben. Dieser befindet sich gleich neben dem Fähranleger auf der Nordseite des Kanals. So können alle, während sie Runde um Runde mit dem Karussell fahren, spielen und toben, von der kleinen Erhöhung aus wunderbar die Kanalfähre, die vorbeiziehenden Frachter und Tanker sowie mit etwas Glück den einen oder anderen Kreuzfahrer entdecken.

Doch auch sonst haben die Bewohner des beschaulichen Sehestedts gut für ihre Kids gesorgt: Auf dem Spielplatz befindet sich weit mehr als der übliche Dreiklang aus Rutsche, Sandkasten und Schaukel. So gibt es eine neue Wackelbrücke und diverse Wipptiere für die Kleinsten, eine Seilbahn, Klettergelegenheiten und ein Fußballfeld für die Mittleren sowie Volleyballnetz, Basketballkorb und Rückzugsmöglichkeiten für die Größeren. Und alle genießen die Aussicht auf Schleswig-Holsteins bekannteste Wasserstraße – denn Chillen geht in jedem Alter!

TIPP: Zu einem Eis oder einer deftigen Currywurst vom Imbiss nebenan sagen weder Groß noch Klein nein.

Adresse Fährstraße, 24814 Sehestedt // **Anfahrt** B 76 bis Gettorf, links abbiegen Richtung Sehestedt, dort von der Hauptstraße in die Fährstraße einbiegen, diese am Fähranleger vorbei bis ganz zum Ende rechts durchfahren, den Hügel zu Fuß hinaufgehen // **Öffnungszeiten** jederzeit

89_DER SPORTTREFF FÜR MÜTTER

Lauf, Mama, lauf!

»Laufmamalauf« – das ist einerseits der Name und andererseits das Motto von Julia Seltmanns tollem Sporttreff in Kiels schönsten Grünanlagen. Allerdings laufen die Teilnehmerinnen hier nicht nur, sondern bauen auch die nach der Geburt geschwächte Muskulatur wieder auf, stärken den mamamüden Rücken, bringen den Bauch beckenbodengerecht in Form und kräftigen und dehnen den ganzen Körper. Abwechselnd im Schrevenpark oder in der Forstbaumschule können hier Mütter nach Geburt und Schwangerschaft an der frischen Luft wieder fit werden; es gibt jedoch auch Kurse für die »Kugelzeit« oder die »Mama macht mehr«-Einheiten am Abend. Das gesamte Programm ist wie ein Zirkeltraining aufgebaut und wird mit fachgerechter Unterstützung und aufmunternden Zurufen der netten Übungsleiterin konsequent durchgezogen.

Und das Beste: Die Babys sind überall mit dabei und genießen zusammen mit ihren Müttern die Zeit im Grünen. Sie werden beim strammen Walken im Kinderwagen geschunkelt, glucksen in der Trage vor dem Bauch oder auf dem Rücken und dienen zugleich als »Gewichtsverstärker«, oder sie spielen auf einer Decke im Schatten miteinander, während die Mamis schwitzen. So macht Mama-Sport Spaß! Umso mehr, als anschließend alle noch gemütlich im Café oder auf dem Spielplatz zusammensitzen, sich austauschen und einander bei Fragen rund ums Baby und Kleinkind weiterhelfen.

Adresse Schrevenpark, 24116 Kiel und Forstbaumschule, 24105 Kiel // **ÖPNV** Schrevenpark: Bus 22, Haltestelle Arndtplatz; Forstbaumschule: Bus 32, Haltestelle Düvelsbeker Weg // **Öffnungszeiten** mehrere Termine in der Woche, aktuelles Kursangebot auf www.laufmamalauf.de/location/sport-mit-baby-in-kiel

90_DER STRAND HASSELFELDE

Die unbekannte Badestelle

Eigentlich ist der Strand von Hasselfelde für Familien ideal: Er ist klein und überschaubar, liegt nahe am Stadtgebiet und doch mitten im Grünen. Hier geht es kinderfreundlich flach ins Wasser, und in sicherer Entfernung tuckern die Fördedampfer vorbei. Vor starkem Wellengang muss sich keiner fürchten, es sei denn, es fährt gerade ein großer Frachter in die Förde ein. Dennoch kennen diesen Strand bislang nur wenige, und vielleicht bleibt das auch noch eine Weile so.

Denn einen offiziellen Status als Badestelle besitzt Hasselfelde nicht. Manche diskutieren sogar, ob es sich überhaupt um einen »Strand« handelt. Erst seit 2007 ist das Gelände für die öffentliche Nutzung freigegeben. Da es einst als Marinematerialdepot fungierte und militärisch genutzt wurde, musste das Areal nordwestlich vom Kieler Stadtteil Neumühlen-Dietrichsdorf zunächst von Munitionsresten gesäubert werden.

Badewillige erreichen den Strand Hasselfelde über einen kleinen Fußpfad; eine richtige Infrastruktur gibt es vor Ort jedoch noch nicht. Da der schöne kleine Fleck allerdings langsam beliebter wird, hat die Stadt Mülleimer und mobile Toiletten aufgestellt. Eine Badeaufsicht ist hingegen nicht vor Ort. Abends findet hier schon mal die eine oder andere Party statt, sodass Familien besser am Nachmittag hierherkommen.

> **TIPP:** Der Fußpfad vom Strand aus Richtung Norden führt nach einiger Zeit zum Fähranleger Möltenort. Wer Appetit hat, kann sich dort am Kiosk mit Blick auf Strand und Sportboothafen stärken.

Adresse Zum Kesselort, 24149 Kiel // **Anfahrt** B 502, dann Langer Rehm folgen, in Mönkeberg links auf Hasselfelde und rechts auf Zum Kesselort abbiegen

91_DIE STRAND-PROMENADE

Laufrad fahren mit richtig viel Platz

Wo haben die Kids mit ihren Laufrädern, Rollern oder Hoverboards viel Platz zum Drauflosflitzen, noch dazu vor einer traumhaften Kulisse? Richtig, auf der Strandpromenade in Stein, dem wunderbar maritimen Erholungsort an der Kieler Förde, die hier schon in die offene Ostsee übergeht. Ebenso wie das kleine Dorf vor den Toren Kiels, in dem auch viele Nordlichter Urlaub machen, ist die Strandpromenade ein Traum: breit, eben, in ausgezeichnetem Zustand und menschenleer – jedenfalls frühmorgens.

Während hier zu anderen Zeiten Tagesgäste und Einheimische flanieren, Surf-Boys und -Girls ihre Boards zum Wasser tragen und auch die eine oder andere Strandhochzeit stattfindet, haben die bewegungsfreudigen Kids die Strandpromenade in den frühen Morgenstunden mit hoher Wahrscheinlichkeit für sich allein. Aber Eltern kommen ja ohnehin kaum zum Ausschlafen – da können sie wenigstens den Tag nutzen! Zumindest werden Mami und Papi hier fürs Aus-dem-Bett-geworfen-werden mit einem grandiosen Blick aufs Meer entschädigt. Unterdessen kann der Nachwuchs so richtig Gas geben und auf der einladenden Promenade Fahrspaß vom Feinsten genießen. Wichtig ist, vor dem Start zu vereinbaren, wann umgekehrt wird – sonst müssen auf einmal die Eltern Gas geben, um ihre Lütten vor der Marina einzuholen.

TIPP: Am Strand von Stein geht es kinderfreundlich flach ins Wasser und im »Haus des Kurgastes« stärken sich hungrige Familien mit Kaffee, Eis und Fischgerichten.

Adresse Strandpromenade, 24235 Stein // **Anfahrt** B 502 und K 44 bis Lutterbek folgen, dann Ellernbrook und Dorfring bis Uferkoppel nehmen, Parken am Straßenrand

92_ DIE STRASSENZÜGE MIT GESCHICHTE

Ein Spaziergang durch die Widerstandsgeschichte

Gut, Claus Schenk Graf von Stauffenberg kennen wahrscheinlich viele, den Widerstandskämpfer, der für das Attentat auf Adolf Hitler am 20. Juli 1944 verantwortlich war. Aber Liselotte Herrmann, die Kommunistin und Mutter eines Sohnes? Oder Henning von Tresckow? Elisabeth Gloeden?

Dabei waren sie alle wichtige Figuren der deutschen Widerstandsgeschichte während der Zeit des Nationalsozialismus. Noch heute erinnern ihre Namen und Taten an den Wert der Demokratie und daran, dass sich die jetzige Generation dafür einsetzen muss, dass sich der wahrhaft unrühmliche Teil der deutschen Geschichte nicht wiederholt. Im Kieler Stadtteil Wellsee tragen deshalb viele der größeren und kleineren Straßen ihre Namen. Warum also nicht einmal in der Geschichte unseres Landes spazieren gehen?

Anhand der Straßennamen, der Erläuterungen auf manchen Straßenschildern und mit dem Smartphone für weitere Informationen in der Hand können Jugendliche und ihre Eltern hier ihr Wissen für diesen historischen Zeitabschnitt erweitern und Geschichte aktiv erleben. Völlig kostenfrei, selbstbestimmt und an der frischen Luft! Wer mag, kann daraus sogar eine Rallye zum Thema »Deutscher Widerstand« machen – denn das ist mal etwas ganz anderes als langweiliger Geschichtsunterricht!

TIPP: Wer sich anderweitig engagieren möchte, hat dazu Gelegenheit in der Freiwilligen Feuerwehr Wellsee, die eine starke Jugendabteilung für Kinder von 10 bis 17 Jahren hat.

Adresse Start am Stauffenbergring, 24145 Kiel // **ÖPNV** Bus 8, diverse Haltestellen mit den entsprechenden Straßennamen // ab 10 Jahren

93_ DIE STRAUSSENFARM

Zu Besuch bei den größten Vögeln der Welt

Ein Straußenei wiegt beim Legen bereits 1,2 bis zwei Kilogramm, die frisch geschlüpften Straußenküken haben ein Geburtsgewicht von 700 bis 900 Gramm. Beeindruckend, oder? Und das ist erst der Anfang! Denn mit einem halben Jahr haben viele Strauße die Zwei-Meter-Marke überschritten. Sie können zwar nicht fliegen, doch mit bis zu 65 Kilometern pro Stunde wirklich schnell rennen.

Auf der Straußenfarm Ostseeblick können kleine und große Besucher die imposanten Vögel bewundern und sie in allen Lebensstadien kennenlernen. Das beginnt beim Blick in den Brutschrank, geht über die Kükenaufzucht auf der Babystation und die Jungvögel in den Stallungen bis hin zu den erwachsenen Tieren in den zahlreichen Freigehegen um die Farm herum. Folgen die Besucher dem Rundweg, begegnen sie ihnen allen. Dabei können sie von den hinteren Wiesen aus zugleich den Ostseeblick genießen, der der Straußenfarm ihren Namen gegeben hat. Oder mit den Straußen auf der anderen Seite des Zauns um die Wette laufen – doch es ist wohl klar, wer gewinnt!

Falls die Kinder dann noch nicht ausgetobt sind, finden sie auf dem Hof der Farm einen kleinen Spielplatz vor. Der Hofladen bietet Straußenprodukte aller Art an. Auf der hofeigenen Terrasse oder im Bistro können die Eltern Kaffee trinken, und die experimentierfreudigsten Mitglieder der Familie probieren, wie Strauß eigentlich schmeckt, sei es als Straußenfrikadellen, Straußen-Wiener-Würstchen oder auch in größeren Gerichten.

Adresse Ostseering 11, 24257 Hohenfelde // **Anfahrt** B 502, L165, auf Höhe Hohenfelde links in den Ostseering einbiegen // **Öffnungszeiten** März–Okt. täglich 10–18 Uhr; Nov., Dez. Mi–So 10–16 Uhr

94_DIE STREUOBSTWIESE

Mundraub erlaubt

Mit den Kindern Äpfel ernten, aber ohne eigenen Garten? Kein Problem, das ist machbar, und zwar auf der Streuobstwiese! Hier dürfen Kieler Bürger Äpfel für den eigenen Bedarf pflücken, selbstverständlich nur so viel, wie man als Familie auch verbrauchen kann.

Eine besonders schöne, aber gut versteckte Streuobstwiese, die sogenannte »Obstwiese Kirchenberg« liegt im Kieler Stadtteil Wellsee. Der Weg dorthin ist zugleich eine Aufgabe für kleine Pfadfinder, denn dieses tolle Obstparadies befindet sich etwas abseits des Weges mitten im Grünen: hinter dem angestauten Teich entlang, wenn man vom Parkplatz an der Kreisauer Straße zu Fuß dem Paul-Pfiel-Weg folgt, auf der linken Seite. Alternativ hilft die Eingabe der Geo-Koordinaten ins Navi.

Hier stehen auf einer öffentlichen Ausgleichsfläche eine Vielzahl von teils sehr alten Apfelsorten und sogar ein paar Quitten. Die unteren Äste der Hochstämmer erreichen die Kinder auch ohne Pflückwerkzeug, und das im hohen Gras liegende Fallobst ist ebenfalls oftmals noch gut. Die Äpfel sehen natürlich nicht so auf Hochglanz poliert aus wie diejenigen aus dem Supermarkt, sind dafür aber umso leckerer. Und es lohnt sich, die vielen verschiedenen Apfelsorten zu vergleichen und sich von süß bis säuerlich, von fest bis mürbe durch ganz unterschiedliche Geschmackserlebnisse zu probieren. Ach ja, die Körbe zum Sammeln und die Decke fürs Picknick nicht vergessen!

TIPP: Der malerische Weg um den angestauten Wellseer Teich eignet sich bestens, um den Spaziergang noch etwas zu verlängern und mit Glück ein paar Enten und andere Wasservögel anzutreffen.

Adresse Kreisauer Straße/Wellseedamm, 24145 Kiel, Geo-Koordinaten: 54.285922 ,10.162867 //
ÖPNV Bus 900, 901, Haltestelle Kreisauer Straße

95_DIE HALBE STUNDE

Musikgenuss in Sankt Nicolai

Musik geht immer; und viele Kinder reagieren erstaunlich feinfühlig und empfindungsvoll auf Gesang und Instrumentalmusik aller Art. Das müssen nicht immer Kinderlieder sein! Wenn Sie die nicht mehr hören können oder einfach mal ausprobieren wollen, was den Musikgeschmack der Lütten noch so trifft, gehen Sie zusammen zu einem Musikgenuss der besonderen Art in der Nicolai-Kirche am Alten Markt.

Der Name der Veranstaltungsreihe ist Programm: »Die halbe Stunde« dauert tatsächlich nur 30 Minuten, das halten selbst kleine Kinder super durch. Die Mini-Konzerte finden immer mittwochs um 17 Uhr statt, der Eintritt ist frei. Von Bach über Rachmaninow und Klezmer bis hin zu Jazz und Gospel, von Solo- oder Chorgesang über Orgelmusik bis hin zum Blasorchester sind hier die unterschiedlichsten Musikrichtungen und Künstler vertreten. Oft werden eher unbekannte Stücke zum Besten gegeben, und die Musiker experimentieren gerne mit Stil und Besetzung.

Hier kann niemand verlieren, nur gewinnen! Denn gemeinsam mit den Kids in ganz neue, unbekannte Musikarten und Instrumentierungen hineinzulauschen und sich anschließend darüber auszutauschen, ist ein tolles, verbindendes Erlebnis. Die Kirche Sankt Nicolai steuert ein wunderschönes Ambiente und einen typischen Kirchenklang bei. Diejenigen, die frühzeitig erscheinen, können vor dem Konzert zudem noch Taufbecken und Co aus vergangenen Jahrhunderten bewundern.

Adresse Alter Markt, 24103 Kiel // **ÖPNV** Bus 81, 502, Haltestelle Schwedenkai // **Öffnungszeiten** Konzerttermine: Mi 17 Uhr, Programm auf www.st-nikolai-kiel.de/veranstaltungen

TIPP: Direkt vor der Nicolai-Kirche steht eine eigentümliche Skulptur, Ernst Barlachs »Geistkämpfer«. Es bringt eine Menge Spaß, mit den Kindern zu rätseln, was das Werk darstellt und was der Name bedeuten könnte.

96_ DAS TIERGEHEGE TANNENBERG

Süße Wildschweinbabys und stolze Mufflons

Immer geöffnet, frei und ohne Eintritt zugänglich, an der frischen Luft, dazu noch ein paar süße Tiere – was will man mehr? Dennoch ist das Tiergehege Tannenberg, am nördlichen Rand des Kieler Stadtteils Wik gelegen, eher unbekannt. Entsprechend ruhig ist es dort, und das ist einfach herrlich!

Hierher können Familien auch einfach mal für eine Stunde am Nachmittag kommen, ein bisschen spazieren gehen und den Wandel der Jahreszeiten in dem naturnahen Waldstück und auf den Weiden erleben. Einige der großen Buchen sind bis zu 120 Jahre alt! Abwechslung bieten ein paar Weiher und Bäche – und vor allem die Tiere.

Neben einigen Gehegen und Weiden mit Damaraziegen, Sikawild und Islandpferden treffen die Besucher manche der Tiere auch einfach beim Spazierengehen an, denn das Damwild und die stolzen Mufflons laufen frei herum. Doch keine Sorge, die Tiere sind eher scheu und ganz friedlich! Allerdings sorgt diese Besonderheit vor allem bei den Kleinsten für eine gewisse Spannung, denn hinter jedem Baum könnte ein Reh auf sie warten!

Die Wildschweine hingegen befinden sich hinter einem sicheren Zaun, sind dafür aber öfters mit süßem Nachwuchs gesegnet. Um den zu sehen, kommen die Kinder aus der Umgebung auch gerne öfter mal vorbei – denn sie werden so schnell groß! Der Haupteingang zum Tiergehege Tannenberg liegt an der Projensdorfer Straße, in den Nebenstraßen finden die Eltern eigentlich immer einen Parkplatz.

Adresse Projensdorfer Straße 276, 24106 Kiel // **ÖPNV** Bus 41, Haltestelle Wiesenweg // **Öffnungszeiten** jederzeit

97_DER TIESSENKAI

Schiff Ahoi und Leinen los!

So ein richtiger Traditionssegler mit seinen hohen Masten, großflächigen Segeln und dem hoch aufragenden Schiffsrumpf, der hat doch was! In Holtenau liegen die Schiffe, die in die weite Welt hinaussegeln, während der Saison am Kai: am Tiessenkai genauer gesagt, benannt nach dem Schiffsausrüster Hermann Tiessen, der hier seinen Laden hatte und all die Dinge verkaufte, die man für die Fahrt auf hoher See eben so brauchte.

Einige dieser Kuriositäten kann man heute noch an den Wänden des Schiffercafés bewundern, das in die früheren Verkaufsräume eingezogen ist. Ob die Kids sie identifizieren können? Denn nicht bei allen Gegenständen ist klar, welchen Nutzen sie haben. Umso mehr bleibt Raum für Phantasie und ein kleines Ratespiel, während die hungrigen Gäste auf ihr Fischbrötchen warten.

Das Raten geht vor der Tür weiter: Woher wohl all die Schiffe kommen und wohin sie fahren? Wer kennt sich mit den Flaggen aus? Und was befindet sich wohl im Rumpf der Großsegler? Wie handhabt man die riesigen Taue, mit denen die Schiffe am Tiessenkai festmachen?

Bei besonderen Gelegenheiten können kleine Klabautermänner dies bei einer Besichtigung herausfinden; ebenso wie es möglich ist, als Familie ausgewählte Törns mitzusegeln. Einmal im Jahr findet zudem der »Tag am Kai« als maritimes Fest für die ganze Familie statt, bei dem umfangreiche Aktionen für große Schiffsliebhaber und kleine Meeresforscher angeboten werden.

TIPP: Ein Eis am originellen Kiosk »Steuerstand« macht den Ausflug rund!

Adresse Tiessenkai, 24159 Kiel // **ÖPNV** Bus 91, Haltestelle Kastanienallee // **Öffnungszeiten** Schiffercafé: Mo–So 9 Uhr–open end

98_DER TORBUNKER IV

In die Schleuse kieken

Schiffe gucken macht Spaß – vor allem, wenn man das aus unmittelbarer Nähe tun kann! Von der Aussichtsplattform des Torbunkers IV sehen alte Seebären und junge Matrosen besonders viel, denn diese befindet sich direkt an der Schleuse zum Nord-Ostsee-Kanal. Und die Kieler haben Glück: Der Torbunker, der ursprünglich aus dem Zweiten Weltkrieg stammt und die Schleusentorkammer Nummer 4 überdacht, wurde extra fürs »Kieken« auf den Kanal für die Öffentlichkeit freigegeben.

Was die Besucher von dort aus erblicken, ist aber auch spannend: Mithilfe der großen Schleusenkammer Süd, in die der Blick von der Plattform am besten ist, werden große Containerschiffe, Tanker und sogar Kreuzfahrer in den Nord-Ostsee-Kanal eingeschleust. Das passt oft gerade so, und in manchen Fällen kommen nicht nur die Lotsen, sondern sogar die Polizei oder der Zoll an Board.

Von oben haben die Besucher einen tollen Blick auf das Geschehen, ebenso wie auf die Holtenauer Hochbrücke zur anderen Seite hin. Zugleich ist die Aussichtsplattform so gut gesichert, dass Kleinkinder hier nicht ohne Weiteres über Bord gehen. Einige anschauliche Modelle und Info-Tafeln sorgen außerdem für ein besseres Verständnis der Vorgänge in der Holtenauer Schleuse sowie der Wasserstraße, die Nord- und Ostsee miteinander verbindet.

Die Aussichtsplattform kostet zwar einen minimalen Eintritt (Kinder unter sechs Jahren frei), ist jedoch zum Teil überdacht, sodass auch ein Besuch bei typisch norddeutschem »Schietwedder« möglich ist. In der Saison gibt es zudem am Imbiss deftige Frikadellen und ein echt norddeutsches Fischbrötchen.

Adresse Maklerstraße 1, 24159 Kiel // **ÖPNV** Bus 11, Haltestelle Kanal // **Öffnungszeiten** Mo–So 10–18 Uhr

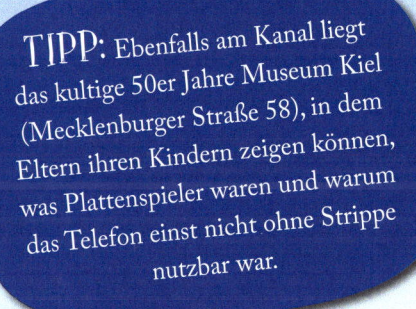

TIPP: Ebenfalls am Kanal liegt das kultige 50er Jahre Museum Kiel (Mecklenburger Straße 58), in dem Eltern ihren Kindern zeigen können, was Plattenspieler waren und warum das Telefon einst nicht ohne Strippe nutzbar war.

99_DAS TRAUM-KINO

Traumhaftes Kinderkino

Manchmal muss es einfach Kino sein! Denn es gibt ganz zauberhafte Kinderfilme, und sie im Kino zu erleben, auf der großen Leinwand und mit Popcorn in der Hand, ist etwas anderes, als sie im heimischen Wohnzimmer auf der Couch anzusehen.

Ein besonders uriges und originelles Kino in Kiel befindet sich in der Traum GmbH im Grasweg. Es liegt in dem alten Industriegebäude einer ehemaligen Gießerei, der man ihre Geschichte auch heute noch ansieht. Bis in die 60er Jahre hinein wurden hier Gussformen angefertigt, später zog eine Saatfabrik ein. Heutzutage beherbergen die Hallen ein offenes Restaurant, durch das der Eingang zum Kinosaal führt, zwei Diskotheken, in denen auch große Events, politische Veranstaltungen und Lesungen stattfinden, und einen Turm, in dem sich weiterhin Silos mit Getreide und Futtermitteln befinden.

Am Wochenende wird nachmittags ein buntes Kinderkino-Programm zu kleinen Preisen angeboten. Schon beim Warten vor der schwarzen Tür steigt die Spannung ins Unermessliche, und wenn die Kinder sich dann endlich in die plüschigen Kinosessel kuscheln dürfen und die Musik losgeht, ist die Freude groß. Auf langatmige Vorschauen oder gar Erwachsenenwerbung verzichten die Betreiber bewusst. Stattdessen bringen Pippi Langstrumpf, Michel in der Suppenschüssel, Checker Tobi und Feuerwehrmann Sam die Kids zum Staunen und Jubeln. Ist der Ton anfangs ein bisschen laut, wird er umgehend leiser gedreht, und auch sonst gehen die Filmvorführer auf die Bedürfnisse der kleinen Kinogäste liebevoll ein. Ein traumhaftes Kinderkino!

Adresse Grasweg 19, 24118 Kiel // **ÖPNV** Bus 71, Haltestelle Eckernförder Straße // **Öffnungszeiten** Kinderkino: Sa, So, meist 16 Uhr, aktuelles Programm auf www.traumgmbh.de/traumkino // ab 4 Jahren

TIPP: Gleich hinter dem Grasweg führt die neu geschaffene Veloroute 10 auf der ehemaligen Trasse des Gütergleises West vorbei. Warum also nicht mal mit dem Fahrrad kommen oder anschließend noch eine Radtour machen?

100_ DER TRÖNDELSEE

Mit dem Schlitten um den versteckten See

Bei diesem wunderschönen kleinen See muss man wissen, wo er liegt – sonst fährt man glatt dran vorbei! Und das, obwohl das beschauliche Gewässer samt Naturschutzgebiet sich zwischen den zwei bekannten Kieler Stadtteilen Elmschenhagen und Ellerbek befindet. Jedoch versteckt es sich geschickt hinter einer Reihe von Kleingarten-Parzellen; hier kommt man nicht einfach mal so vorbei.

Doch kundige Naturfreunde können es finden: Einen kleinen Hinweis gibt der Tröndelweg in Ellerbek, an dem die entsprechende Bushaltestelle liegt. Dann noch ein kurzer Weg durch die Kleingartenanlage, und schon eröffnet sich einem ein 24 Hektar großes Naturschutzgebiet mit spannenden Bachläufen, seltenen Tier- und Pflanzenarten, Holzstegen, verschiedensten Wasser- und Verlandungsflächen und natürlich dem Tröndelsee, an dem Eltern und Kinder auf Entdeckertour starten, herrlich spazieren gehen und die Seele baumeln lassen können.

Besonders im Winter ist die Umgebung menschenleer und wirkt wie verzaubert, wenn Frost und Schnee See, Schilf und Stege in ein glitzerndes Winterwunderland verwandeln. Dann nehmen Eltern am besten den Schlitten mit, sodass sich die Großen und Kleinen abwechselnd ziehen können. Doch auch zu anderen Jahreszeiten hat der Rundweg, der einmal um den See geht, seinen Reiz. Nur die Gummistiefel nicht vergessen, gerade bei feuchtem Wetter! Doch die lieben kleine Pfützenspringer ja ohnehin.

TIPP: Ein spannender Spielplatz befindet sich am Tauernweg, der am südlichen Rande des Naturschutzgebietes liegt. Hier gibt es auch ein paar Picknicktische für alle hungrigen Seeumrunder.

Adresse Tröndelweg, 24148 Kiel // **ÖPNV** Bus 31, Haltestelle Tröndelweg

101_ DER UNVERPACKT LADEN

Verpackungsfrei ist schöner

Müssen Obst und Gemüse unbedingt eingeschweißt verkauft werden? Kann man Müsli wirklich nicht ohne Zweifach-Verpackung nach Hause transportieren? Und ist Schokolade auch ohne knisterndes Stanniolpapier interessant? Statt diese Fragen langwierig zu erörtern, können Familien die Lösung einfach erleben: Im »Unverpackt« in der Kieler Innenstadt findet Einkaufen anders statt, als sie das vielleicht sonst so gewohnt sind. Das ist nicht nur für die Eltern, sondern auch für die Kinder ein ganz besonderes Erlebnis!

Es beginnt schon beim Aufbruch zu Hause: Dort können alle zusammen die Behältnisse aussuchen, in die sie die Produkte später füllen möchten, und auch gerne ein paar extra mitnehmen – denn wer weiß, auf welche Köstlichkeiten sie stoßen werden? Im Laden wiegen die Einkäufer ihre Gefäße, befüllen sie dann mit Müsli, Mehl und mehr und zahlen an der Kasse schließlich nach Gewicht. Hier muss niemand feste Mengen abnehmen, man kann ganz nach Bedarf einkaufen. Der Müll wird durch das Vermeiden von Einwegverpackungen auf ein Minimum reduziert. Das funktioniert erstaunlich gut – und der Familienbeitrag zur Zero-Waste-Bewegung wird gelebte Wirklichkeit. Doch nicht nur das: Das Einkaufserlebnis im »Unverpackt« ist ein bewusstes, voller Achtsamkeit und Genuss. In dem zauberhaft eingerichteten Laden riecht es verlockend, und alles sieht total appetitlich aus. Das Motto »lose – nachhaltig – gut« können Erwachsene und Kinder hier mit Händen greifen und auf der Zunge schmecken, auch im kleinen Bistro im vorderen Teil.

Adresse Adelheidstraße 28, 24103 Kiel // **ÖPNV** Bus 31, 34, Haltestelle Exerzierplatz // **Öffnungszeiten** Mo–Fr 10–19 Uhr, Sa 9–14 Uhr

TIPP: Nach dem Einkauf gleich picknicken? Dafür bietet sich der Schützenpark schräg gegenüber am Schützenwall an; hier liegt auch ein Spielplatz.

102_ DIE VERSTEIGERUNG

Ein Happening für die ganze Familie

»Zum Ersten, zum Zweiten, zum Dritten!« Der Hammer fällt, und im Handumdrehen finden Fahrräder, Strandhandtücher, Baby-Schalen, die Lego-Star-Wars-Packung und der Tresor einen neuen Besitzer. Für kleines oder aber überraschend großes Geld werden bei den Versteigerungen des Fundbüros Kiel die witzigsten Sachen feilgeboten, weil ihre einstigen Besitzer sie nicht innerhalb der sechsmonatigen Frist im Bürger- und Ordnungsamt abgeholt haben. Besonders groß ist der Jubel immer bei den »Überraschungspaketen«, die teils Dinge enthalten, an die die Bieter nicht mal im Traum gedacht hätten.

Schon allein das Zusehen macht Spaß, das Mitbieten in der urigen Fahrzeughalle noch viel mehr. Der Auktionator preist die Fundstücke mit Verve und blumigen Worten an. Wenn es beim Bieten besonders hoch hergeht, erntet der Gewinner schon mal lauten Beifall. Viele Dinge erweisen sich auch für Familien als überraschend praktisch, und so ist es für Eltern und Kinder höchst lohnenswert, sich hier ein paar der nötigen Ausstattungsstücke oder das nächste Weihnachtsgeschenk zu sichern. Klug ist, wer kurz vor der eigentlichen Versteigerung erscheint und das Angebot sichtet, damit er weiß, auf welches Kinderfahrrad sich das Bieten lohnt. Außerdem hat das Durchsehen der dargebotenen Kuriositäten seinen eignen Charme – es ist unglaublich, was die Kieler offenbar alles verlieren. Die Teilnehmer zahlen bei der Versteigerung in bar und dürfen das Ersteigerte sofort mitnehmen. Eine tolle Veranstaltung mit hohem Spaßfaktor!

Adresse Fabrikstraße 8, 24103 Kiel // **ÖPNV** Bus 900, 901, Haltestelle Andreas-Gayk-Straße // **Öffnungszeiten** Versteigerungen finden halbjährlich mit Vorankündigung statt. // ab 4 Jahren

TIPP: Bieten macht hungrig! Im Anschluss können sich Eltern und Kids in der Campus Suite am Europaplatz mit Bagels, Wraps, einem koffeinfreien Oreo-Frappé oder einem frischgepressten Saft belohnen.

103_DAS WEIHNACHTS- BAUMSCHLAGEN

Mit dem Traktor in den Forst

Einen tollen Ausflug unternehmen und zugleich eine wunderschöne Familientradition pflegen – das geht zur Weihnachtszeit auf Gut Augustenhof, inmitten einer idyllischen Winterlandschaft etwas nördlich von Kiel. Denn dort können Eltern und Kinder ihren Weihnachtsbaum selber schlagen und sich dabei so richtig in Weihnachtsstimmung bringen.

Mit einem stilechten Oldtimer-Traktor samt daran gehängtem Planwagen fahren die Gäste in den Wald beziehungsweise die Schonung, um dort die schönste Tanne aller Zeiten fürs heimische Wohnzimmer auszusuchen. Eine Säge bekommen alle gestellt, und auch tatkräftige Hilfe ist vor Ort, sollte der Stamm der Wunschtanne einmal dicker ausfallen als erwartet. Ist der Baum unter dem Jubel der Kids gefällt, geht es mit dem Weihnachtsbaum auf dem Anhänger und stolzgeschwellter Brust zurück aufs Gut – das ist ein tolles Gefühl!

Wer den Baum nicht selber schlagen möchte, kann auf dem Hof auch einfach einen kaufen; selbstverständlich ebenfalls frisch gefällt und aus lokaler Produktion. Anschließend stärken sich die Besucher auf dem hofeigenen Weihnachtsmarkt, der sich seinen gemütlich-urtümlichen Charme bewahrt hat, mit Kinderpunsch und Glühwein, Waffeln und Würstchen. Auch ein Bummel durch die schönen alten Scheunen des Guts lohnt sich: Hier bieten etwa 40 Aussteller aus der Region handgefertigte Deko und kleine Geschenke für die Verwandtschaft an. Das Parken auf dem Hof und der Eintritt sind frei.

> **Adresse** Gut Augustenhof, 24251 Osdorf // **Anfahrt** B 76 bis Ausfahrt Rendsburg/Gettorf Mitte/Osdorf, Gettorfer Straße bis zum Ziel in Osdorf // **Öffnungszeiten** in der Vorweihnachtszeit, aktuelle Infos auf www.gut-augustenhof.de/weihnachtsmarkt

TIPP: Sollte Schnee liegen, sorgt ein Spaziergang über die Feldwege rund um Gut Augustenhof für extra Winterzauber.

104_DER WEIHNACHTSMARKT

Historisch und ganz ohne Popcorn

Auf den großen Weihnachtsmarkt in der Kieler City geht ja jeder – der historische Weihnachtsmarkt auf Gut Bossee, das idyllisch in der Nähe des Westensees liegt, hingegen bietet etwas ganz anderes und in vielerlei Hinsicht Besonderes: Dort gibt es keine blinkenden Lichter, kein Popcorn, keine Fahrgeschäfte und keinen Lärm, stattdessen Traditionshandwerk, regionale Köstlichkeiten, handverlesene Aussteller und ein tolles historisches Rahmenprogramm.

Das bedeutet, dass die Besucher auf dem Feuer geröstete Maronen, Holsteiner Förtchen, Stockbrot, Punsch nach einem alten Familienrezept und zahlreiche Wildprodukte probieren können. Für die Kinder gibt es Bogenschießen, Seile drehen, Kinderschminken und ein Bollerwagentheater. Die ganze Familie kann eine Runde mit der Kutsche drehen sowie den Jagdhunden und dem Falkner bei der Arbeit zusehen. Vor dem Kuhstall ertönt weihnachtliche Blasmusik, und am letzten Sonntag findet eine Andacht statt. Beim Besuch des Wild-Hofladens sichern sich die Gäste außerdem die Zutaten für ein ganz besonderes und dennoch höchst traditionelles Weihnachtsessen.

Das Schönste aber ist die bedächtige Atmosphäre, für die die nostalgischen Gutsgebäude den passenden Rahmen schaffen. Hier lässt es sich ganz gemütlich auf Weihnachten einstimmen – denn Hektik gibt es anderswo genug. Der Parkplatz kostet eine kleine Gebühr, der Eintritt ist frei.

TIPP: Gut Bossee liegt ganz nah am Westensee; folgt man der Dorfstraße in südlicher Richtung, gelangt man bald ans Ufer und kann dort im Anschluss an den Weihnachtsmarktbesuch schön spazieren gehen.

105_ DAS WERFT-PARKTHEATER

Ins Theater mit der ganzen Familie

Zugegeben, es liegt etwas abseits auf dem Ostufer, und vielleicht kennen viele Eltern das Werftparktheater deshalb nur dem Namen nach. Doch eigentlich ist das kein Grund, dort nicht hinzugehen, denn gerade Inszenierungen wie »Malala« und Michael Endes »Traumfresserchen« sind etwas für die ganze Familie.

Im sogenannten Werftpark beheimatet, liegt die eigenständige Kinder- und Jugendtheatersparte des Theaters Kiel etwas zurückversetzt von der Straße, umgeben von grünen Bäumen. Seit 1989 wird das ehemalige Kino und Veranstaltungshaus auf dem Ostufer fürs Theaterspielen genutzt, aber auch für Tanz, musikalische Darbietungen und Lesungen. Entsprechend vielfältig ist das Angebot für Kinder und Jugendliche: Neben klassischen Aufführungen, Märchen, Abenteuergeschichten und Theaterfassungen bekannter Kinderbücher bringen junge und frische Darsteller auch moderne und gesellschaftskritische Stücke auf die Bühne; außerdem finden Nachgespräche, Workshops und Themenwochen statt. Die Inszenierungen adaptieren die Stücke kinderfreundlich und mit Humor und Wortwitz. Da ganz nebenbei Anspielungen und kleine Persiflagen auf die Erwachsenenwelt eingeflochten sind, sprechen die Aufführungen auch die Erwachsenen an, die so ihre ganz eigenen Schmunzel-Momente erleben. Das Impro-Theater mit Tante Salzmann, das dort öfter zu Gast ist, reißt mit verrückten Einfällen und fulminanten Lachern selbst gelangweilte Jugendliche von ihren Sitzen und lädt zum Mitmachen ein. Ein Theater für die ganze Familie eben!

Adresse Ostring 187A, 24143 Kiel // **ÖPNV** Bus 71, 101, Haltestelle Ernestinenstraße // **Öffnungszeiten** Spielplan auf www.theater-kiel.de/service/spielstaetten/name/theater-im-werftpark // ab 3 Jahren

106_DER WERTSTOFFHOF

Abfall entsorgen und Spaß haben

Zugegeben, es ist eine ungewöhnliche Idee. Aber eine, die witzig ist und die zugleich der Umwelt hilft. Und dafür sorgt, dass es im eigenen Zuhause aufgeräumter und ordentlicher aussieht – und wer will das nicht?

Denn fast jeder Kieler hat im Keller oder auf dem Dachboden noch etwas Elektroschrott liegen, den er im ABK-Wertstoff-Zentrum vorschriftsmäßig und in vielen Fällen sogar völlig kostenfrei entsorgen kann. Warum also nicht mal an einem grauen Nachmittag mit dem alten Gerümpel zum Wertstoffhof in der Clara-Immerwahr-Straße fahren und dabei live erleben, wie die Entsorgung richtig funktioniert? Das ist ganz schön spannend; außerdem lieben die meisten kleinen Kinder die Müllabfuhr!

Auf dem Wertstoffhof sind jedoch nicht nur interessante Fahrzeuge zu sehen. Kids und Eltern lernen auch etwas über Mülltrennung im Großformat und erfahren, welche Dinge sonst noch so weggeworfen werden. Das ist teilweise äußerst skurril, der Blick in die vielen verschiedenen Container gerät zum Kuriositäten-Kabinett. Bei manchen Gegenständen gerät man auch ins Grübeln: Muss das wirklich weg, oder kann das noch mal wiederverwendet werden?

Da stört es niemanden, wenn es etwas nieselt, weil ein guter Teil des Wertstoff-Zentrums überdacht ist. Übrigens: Auch der batteriebetriebene Blinki-Gummistiefel der Kids zählt zum Elektro-Schrott und gehört nicht in die normale Mülltonne.

Adresse Clara-Immerwahr-Straße 6, 24145 Kiel // **ÖPNV** Bus 901, dann Bus 8, Haltestelle Maconistraße // **Öffnungszeiten** Mo, Di, Mi, Fr 9–17 Uhr, Do 10–18 Uhr, Sa 9–14.30 Uhr

TIPP: Dinge, die nicht mehr gebraucht werden, aber noch gut genug für eine »zweite Runde« sind, können mit Hilfe der ABKI Tauschbörse (www.tauschboerse.abki.de) an neue Besitzer vermittelt werden. Und das Tauschen ist eine tolle Gelegenheit, so manch anderen schönen Ort oder weitere nette Familien in Kiel kennenzulernen!

107_DER WILDPARK

Wilde Tiere zum Streicheln

Die weiche Nase eines Minishetlandponys streicheln, den kleinen Zicklein auf der flachen Hand Futter hinhalten, den Sattelschweinen beim Wälzen in der Schlammgrube zusehen und die stolzen Pfauen bewundern: Im Wildpark Schwentinental sind viele Tiere erstaunlich zahm. Kinder können ihnen mit ein bisschen Achtsamkeit deshalb ganz unkompliziert nahe kommen.

Das ist auch für Familien mit kleinem Budget, die ihren Lütten Tierkontakt ermöglichen wollen, eine tolle Gelegenheit. Der Wildpark Schwentinental beherbergt über 50 verschiedene Tierarten und  ist an 365 Tagen im Jahr geöffnet. Der Eintritt ist völlig kostenfrei. Die ausgedehnte Grünanlage liegt an den Hängen des idyllischen Schwentinentals, sodass Eltern und Kinder sie auch für einen ausführlichen Spaziergang oder eine kleine Joggingrunde nutzen können.

In einem kleinen Streichelgehege warten Zwergziegen und Schafe auf liebevolle Hände. Hier sollte man die Öffnungszeiten respektieren, ebenso wie die Vorgabe für den gesamten Wildpark, den Tieren nur das spezielle Futter aus dem Futterautomaten anzubieten. Schließlich soll kein kleines Zicklein unter Bauchschmerzen leiden!

Zum Austoben geht's auf den großen Spielplatz mit mehreren Ebenen und zahlreichen unterschiedlichen Spielgeräten, der für alle Altersstufen geeignet ist. Der Kiosk sorgt für Eis und einen kleinen Imbiss und bietet zudem eine kleine Minigolf-Anlage nebenan.

Adresse Jahnstraße 1, 24223 Schwentinental // **Anfahrt** B 76 bis Schwentinental, Rosenthal folgen, bis Jahnstraße fahren, Parken auf dem Parkplatz vor dem Schwimmbad // **Öffnungszeiten** Mo–So Sonnenauf- bis Sonnenuntergang, Streichelzoo: Mo–So 8–15.30 Uhr

108_DIE WINDMÜHLE ROSA

Eine Bibliothek unter Flügeln

Von außen eine Windmühle, von innen etwas ganz anderes – wie spannend! Die Gettorfer Mühle vor den Toren Kiels ist eine wunderschöne Galerieholländermühle mit Jalousieflügeln, einem zweigeschossigen Backsteinunterbau und einem schiefergedeckten Dach. Sie hat schon so einiges an Geschichte hinter sich: Im Jahre 1869 durch den Mühlenbauer Carl Friedrich Trahn errichtet, wurde sie bis in die 40er Jahre des vorigen Jahrhunderts vorrangig für das Mahlen von Getreide verwendet. Ab 1977 musste die Mühle gründlich renoviert werden, danach wurde sie auf vielfältige Art und Weise genutzt.

Das interessiert Kinder vermutlich eher weniger, zwei Fakten jedoch umso mehr. Zum einen der Spitzname der Mühle: »Rosa« wird sie genannt, was sich vermutlich von der Windrose auf dem Dach herleitet, einer Vorrichtung, die einst für die Windnachführung der Mühlenflügel sorgte. Zum anderen ihre aktuelle Nutzung als Gemeindebücherei mit einer wunderschönen kleinen Kinderbibliothek, die den gesamten vorderen Teil der Räumlichkeiten einnimmt. Hier können lütte Leser nicht nur spannende Lektüren für zu Hause entleihen, sondern es sich auch in der liebevoll ausgestatteten Leseecke gemütlich machen. Die ist umso schöner, weil Rabe Socke, die Raupe Nimmersatt und weitere bekannte Gestalten der Kinderliteratur nicht nur als Kinderbücher, sondern auch als Kuscheltiere vorhanden sind. Da können die Mühlen anderswo ruhig langsamer mahlen – die Zeit hier drinnen vergeht wie im Fluge.

Adresse Mühlenplatz, 24214 Gettorf // ÖPNV mit der Regionalbahn vom Kieler Hauptbahnhof; der Gettorfer Bahnhof befindet sich gleich gegenüber der Mühle // Öffnungszeiten Mo–Di 15–18.30 Uhr, Do 10–12.30 und 15–18.30 Uhr, Fr, Sa 10–12.30 Uhr

109_DER WINTER-SPIELPLATZ

Indoor-Spielplatz mal ganz anders

Gemütlich mit Baggern spielen, während der Regen an die Scheiben klopft, robben und krabbeln, obwohl draußen der Boden gefroren ist, fröhlich rutschen und im Bällebad versinken, auch wenn es stürmt und schneit – im Winterspielplatz ist das alles möglich! Denn der findet drinnen statt, auf den 300 Quadratmetern der Evangelisch-Freikirchlichen Gemeinde, die sonst als Gottesdienstraum fungieren.

Ehrenamtliche Mitarbeiter packen hier mit an, um die Fläche zweimal die Woche im Winterhalbjahr in einen Indoor-Spielplatz zu verwandeln. Und zwar in einen ganz besonderen: Der Lärmpegel ist zwar hoch, doch die Atmosphäre eher ruhig und gemütlich. Der Zugang ist kostenlos, hier wird jeder nett und persönlich willkommen geheißen. Die Spielzeuge und das gesamte Konzept sind speziell auf Kinder von null bis sechs Jahren ausgerichtet. Es gibt eine kuschelige Baby-Ecke für die Kleinsten und eine Bewegungszone für diejenigen, die sich stärker austoben möchten. Auch das weitere Spielzeug wie Ritterburg, Spielküche und Schaumstoffelemente spricht besonders die Bedürfnisse von Kleinkindern an. Im Café-Bereich können die Eltern entspannt Kaffee zu günstigen Preisen trinken und ihre Lütten locker im Blick behalten. Kirchlich muss hier dennoch keiner sein, alle Bevölkerungsgruppen sind unabhängig von nationaler und sozialer Herkunft, Hautfarbe oder Religion willkommen.

Adresse Wilhelminenstraße 12–14, 24103 Kiel // ÖPNV Bus 11, 900, Haltestelle Dreiecksplatz // Öffnungszeiten Nov.–Mitte März Mo, Do 14.30–17.30 Uhr // 0 bis 6 Jahre

110_ DER WOCHEN- MARKT

Regional, saisonal und kinderfreundlich

Dass man täglich Obst und Gemüse essen soll, weiß jedes Kind. Oder etwa nicht? Na ja, wissen ist das eine, machen das andere. Davon können sowohl Eltern als auch Kinder ein Lied singen, wenn auch mit sehr unterschiedlichen Zwischentönen. Um Tomaten, Paprika, Fenchel und Pastinaken attraktiver zu machen, bietet sich ein Besuch auf dem Wochenmarkt an. Denn die gelegentlich ungeliebten Vitaminträger werden gleich viel verlockender für die Lütten, wenn sie sie selbst mit aussuchen und einkaufen dürfen! Außerdem ist das Shoppen an den Ständen ein echtes Erlebnis für die Sinne: Die Äpfel leuchten in unterschiedlichen Farben, die Erdbeeren duften süß, die Kartoffeln liegen beim Auswählen schwer in der Hand, und garantiert dürfen die Kids auch mal probieren.

Der Wochenmarkt auf dem Blücherplatz, mitten in einem der beliebtesten Wohnviertel Kiels für Familien, hat eine besonders reiche Auswahl an frischen Lebensmitteln für alle Geschmäcker. Saisonale und regionale Produkte, vielfach in Bio- oder Freiland-Qualität, werden hier bevorzugt angeboten, dazu zählen auch Käse, Milch, Fleisch und Fisch. Außerdem ist der Blücherplatz in diesem Teil Kiels der inoffizielle Treffpunkt für junge Familien mit Kindern. Überall werden Kinderwagen geschunkelt, Kleinkinder flitzen fröhlich durch die Gänge, und die Mamis und Papis gönnen sich einen Espresso beim Kaffeefahrrad von »Loppokaffee«. Klönschnack und Austausch zu Ernährungsfragen inklusive!

TIPP: Gleich neben dem Wochenmarkt ist ein toller Spielplatz mit diversen Bänken, auf denen man das frisch gekaufte Obst gemütlich verzehren kann.

Adresse Blücherplatz, 24105 Kiel // **ÖPNV** Bus 11, 900, Haltestelle Hardenbergstraße // **Öffnungszeiten** Mo, Do 8–13 Uhr

111_DIE ZOO-HANDLUNG

Einmal Tiere gucken zwischendurch

Wo können Familien mit Kindern in Kiels Innenstadt hingehen, wenn es regnet oder sie einfach mal eine Stunde Wartezeit überbrücken müssen? Ein Ort, der zunächst überraschend klingt, sich aber gerade für den Besuch mit kleinen Kindern eignet, ist die gut ausgestattete Zoohandlung Knutzen.

Denn hier können die Kids drinnen Tiere beobachten, während es draußen Hunde und Katzen regnet. Es gibt zahlreiche Aquarien und Terrarien mit vielen bunten Fischen sowie Echsen, Schlangen und Tausendfüßlern. Doch auch weitere spannende Tier- und Spinnenarten und kuschelige Kleintiere wie Kaninchen, Hamster und Wüstenrennmäuse sind vorhanden und sorgen für große Kinderaugen und plattgedrückte Nasen an den Scheiben. Und dann die außergewöhnlichen Korallen und der große Koi-Karpfen-Teich! Sind die Kids schon etwas größer, entwickeln sie sich in dieser Zoohandlung zu Experten in der Fischbestimmung oder beim Auffinden der getarnten Geckos in ihrem begrünten Terrarium. Freundliche Mitarbeiter helfen weiter, wenn die Eltern mit ihrem Arten-Latein am Ende sind oder Futter-Fragen geklärt werden müssen. Natürlich ist auch interessant, was es alles so an Tierzubehör zu kaufen gibt; so ähneln sich zum Beispiel Hunde- und Kleinkinderspielzeug in einigen Fällen auf erstaunliche Art und Weise. Zum Abschluss noch ein Leckerli für den Stubentiger daheim oder die Ponys bei der nächsten Reitstunde eingekauft – und alle sind glücklich.

Adresse Adelheidstraße 14, 24103 Kiel // **ÖPNV** Bus 91, Haltestelle Adelheidstraße // **Öffnungszeiten** Mo–Fr 9–19 Uhr, Sa 9–18 Uhr

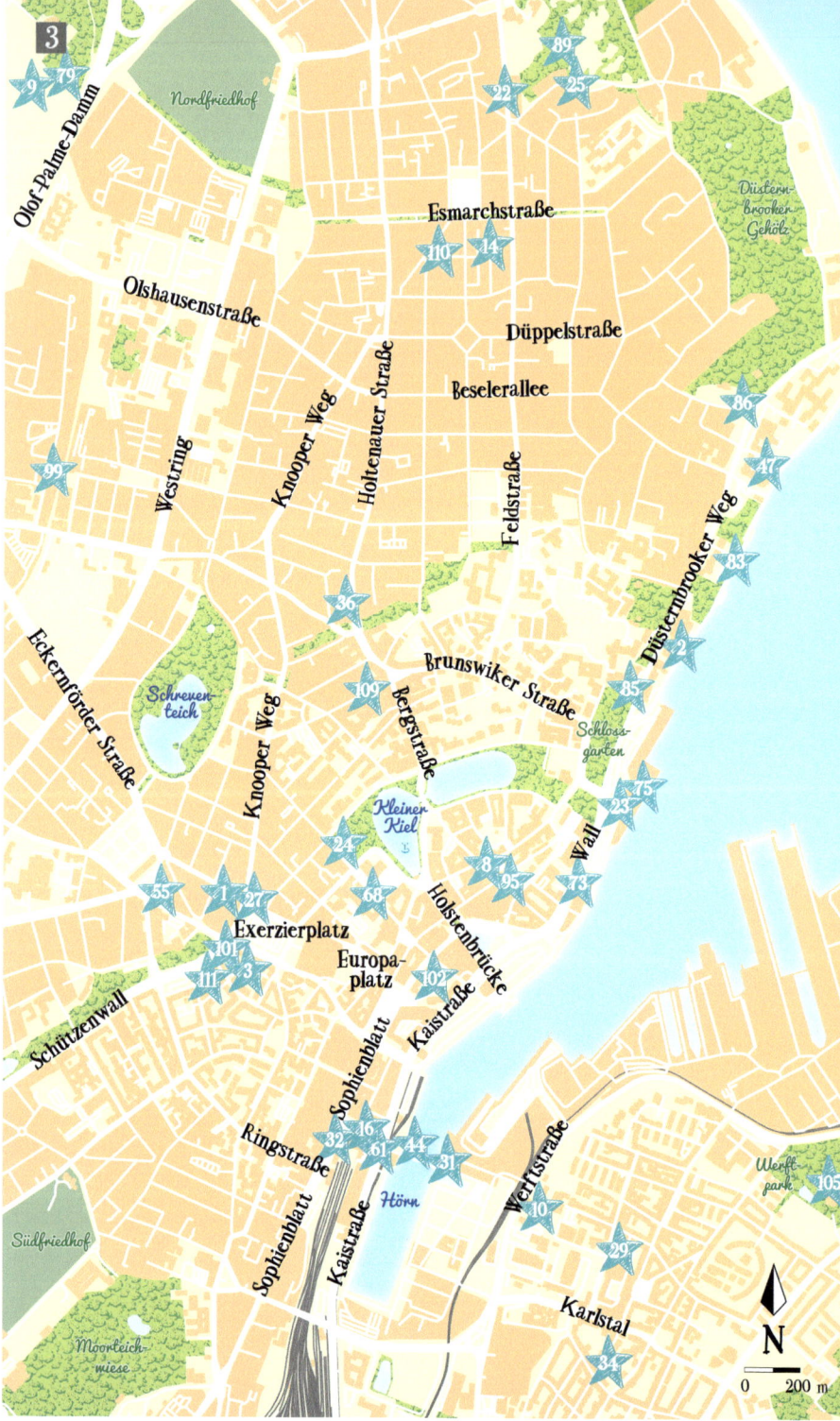

Sina Beerwald
111 Orte auf Sylt, die man gesehen haben muss
ISBN 978-3-95451-511-0

Alexandra Schlennstedt, Jobst Schlennstedt
111 Orte in Lübeck, die man gesehen haben muss
ISBN 978-3-95451-564-6

Jana Jürß
111 Orte an der Mecklenburgischen Seenplatte, die man gesehen haben muss
ISBN 978-3-95451-536-3

Vito von Eichborn
111 Orte zwischen Lübeck und Kiel, die man gesehen haben muss
ISBN 978-3-95451-339-0

Jochen Reiss
111 Orte in Nordfriesland, die man gesehen haben muss
ISBN 978-3-95451-627-8

Jochen Reiss
111 Orte in Kiel, die man gesehen haben muss
ISBN 978-3-95451-705-3

Jela Henning, Jens Hinrichsen
111 Orte in und um Flensburg, die man gesehen haben muss
ISBN 978-3-7408-0241-7

Maren Kaschner, Anselm Neft
111 Orte auf Rügen, die man gesehen haben muss
ISBN 978-3-95451-837-1

Jela Henning, Jens Hinrichsen
111 Orte in und um Schwerin, die man gesehen haben muss
ISBN 978-3-7408-0635-4

Christina Bacher, Norbert Breidenstein
111 Orte für Kinder in Köln, die man gesehen haben muss
ISBN 978-3-7408-0332-2

Julia Tzschätzsch
111 Orte für Kinder in Frankfurt, die man gesehen haben muss
ISBN 978-3-7408-0686-6

Daniela Clément
111 Orte für Kinder in Hamburg, die man gesehen haben muss
ISBN 978-3-7408-0334-6

Isa Grütering, Natascha Korol, Theresia Koch
111 Orte für Kinder in Berlin, die man gesehen haben muss
ISBN 978-3-7408-0251-6

Cornelia Kuhnert, Günter Krüger
111 Orte für Kinder in und um Hannover, die man gesehen haben muss
ISBN 978-3-7408-0333-9

Florian Kinast
111 Orte für Kinder in München, die man gesehen haben muss
ISBN 978-3-7408-0431-2

Bernadette Németh
111 Orte für Kinder in Wien, die man gesehen haben muss
ISBN 978-3-7408-0558-6

Franziska Lô
111 Orte für Kinder in und um Stuttgart, die man gesehen haben muss
ISBN 978-3-7408-0655-2

Priska Lachmann
111 Orte für Kinder in Leipzig, die man gesehen haben muss
ISBN 978-3-7408-0654-5

Charlotte Mohs
111 Orte für Kinder in Mainz, die man gesehen haben muss
ISBN 978-3-7408-0665-1

DANKE!

»Moin!« habe ich am Anfang gesagt und »DANKE!« sage ich am Ende. Und zwar in Großbuchstaben, denn nach all den Besuchen an 111 (und ein paar mehr) Orten, all den Erlebnissen und dem Schreiben des gesamten Buches bin ich zutiefst dankbar für all die Unterstützung, die ich dabei erfahren habe.

Ich danke meinem Mann ebenso wie meinen beiden Küstenkindern, den besten, einfallsreichsten und ehrlichsten Ausflugsbegleitern überhaupt, denen auch dieses Buch gewidmet ist.

Ein herzliches Danke an all unsere Freunde, Bekannte und die lieben Leser auf meinem Blog »Küstenkidsunterwegs«, die mich unermüdlich mit Tipps für tolle Orte versorgt und mich beim Schreiben immer wieder angefeuert haben.

Ein großer Dank geht an meine geduldigen Korrekturleserinnen und lieben Bloggerkolleginnen für ihren umfassenden fachlichen und menschlichen Rat. Ganz besonders danke ich all denjenigen, deren wunderbare Orte, Ausflugsziele und Einrichtungen ich kennenlernen durfte und die mir von ihrer Geschichte, ihren Ambitionen und ihren Träumen erzählt haben.

Danke an alle, die an mich geglaubt und mich inspiriert haben. Und danke an Kiel, diese wunderbare Stadt am Meer, in der ich leben, arbeiten und schreiben darf. Kiel, Du bist gut zu mir!

Katja Josteit

MEINKonto lässt keine Wünsche offen.

Abenteuer ist einfach.

Förde Sparkasse

Wenn's um Abenteuer geht
foerde-sparkasse.de

**Katja Josteit** schreibt seit 2014 auf ihrem Blog »Küstenkidsunterwegs« über den Norden, das schönste Bundesland der Welt und alle Höhenflüge und Untiefen des Familienlebens. Mit ihren beiden Küstenkindern ist sie täglich in Kiel und Umgebung unterwegs, um neue Orte zu entdecken, zu beschreiben und zu fotografieren.